聖書検定ヘブライ語 公式テキスト
はじめての聖書のヘブライ語

JN074950

はじめに
旧約聖書とヘブライ語

　旧約聖書の神は、唯一絶対の神であり、しかも天地万物の主、全宇宙の創造者、いのちの源である。さらにその神は、贖罪の神である。イエス・キリストがわたくしたちの罪のために苦しまれた十字架上の苦難は、旧約聖書のイザヤ書 53 章の主の僕（しもべ）の預言によってよく理解することができる ([参考] 使徒 8:28-39)。

　主イエスはみずからこの預言を成就する者となられたのである。主の僕の預言こそは旧約聖書の信仰の頂点であり、この根底をなすものは、神の犠牲による贖罪愛である。そして旧約聖書と新約聖書とは真筆書（autograph）において神の霊感によって書かれたので誤りのない神のことばである。（Ⅱテモテ 3:16)

　旧約聖書は、その一部がアラム語である以外はすべてヘブライ語で書かれている。現在は旧約聖書の原典は英語や日本語による逐語対訳つきのものが出ているので読みやすくなっている。とくに日本語によるものは文法的な説明もついているので、初心者にとっては本書のような基本的なヘブライ語の文法を身に付けることによって、容易に読みこなすことができる。

著者しるす。

一般社団法人
聖書検定協会
Ⓡ 商標登録 第5385562号

目　次

本課一【上級 (中級を含む)】

付録

申込

著者

聖書検定とは

聖書検定とは、聖書から出題される検定試験です。

検定を受けることによって、聖書を理解し、その真髄を知ることができます。

世界を知るにあたって、キリスト教とその文化は欠かせません。

クイズ感覚で楽しみながらステップアップ！

〈目的〉

聖書検定は、多くの方々に広く聖書を知っていただく機会となることが第一の目的です。「神のみことば」である聖書を知らないで日本の方々が過ごすことのないように、その勤勉で優れた国民性のゆえに検定という方法をとりました。

〈理念〉

- ●神のことばである聖書そのものを純粋に伝えます。
- ●教派を越え、かたよらないで、聖書の本質をきわめます。
- ●広く一般の方々に門戸を開き、じゅうぶんに親しんでいただきます。
- ●いつの世でも非常に影響力のある聖書の教えを身につけて、広く自由に世界へと羽ばたいていただくように願っています。
- ●聖書知識に限定しており、特定の教派やセクトに片寄っていません。
- ●プロテスタント、カトリックの両方に配慮しています。

"わたしたちは、自分自身を宣べ伝えるのではなく、主であるイエス・キリストを宣べ伝えています。わたしたち自身は、イエスのためにあなたがたに仕える僕なのです。"（コリントの信徒への手紙 二４章５節）

〈「聖書検定ヘブライ語」の四つの特徴〉

1 【初級】・【上級（中級を含む）】共に、初めての方にも分かりやすい聖書検定ヘブライ語公式テキストを作成しています。

2 適切な練習問題により習熟度を確認しながら学習ができます。

3 聖書検定ヘブライ語試験の出題は、学習上たいせつなものだけを厳選しています。

採点はていねいに行い、正誤と共に模範解答を添えます。

4 通信による受検スタイルなので時間、場所を問わず、どなたでも受検することができます。

〈商標登録〉

『聖書検定』は商標登録しています。

Ⓡ 商標登録　第 5385562 号

必須テキスト・聖書について

必須テキスト

　このわかりやすいヘブライ語の入門書で学ばれる方にとっての利点は、付録の見本としての適切な試験問題を解きながら本書を学ぶことができることです。ヘブライ語の正確な力が身につくとともに、検定試験合格への備えにもなり、とても効果的で得策な学習方法です。

※「聖書検定ヘブライ語試験」は下記の必須テキストの範囲の中から行われます。
● 聖書検定ヘブライ語 公式テキスト
　※この１冊の中に【初級】と【上級 (中級を含む)】とを掲載しています。

ヘブライ語表記の聖書

　旧約聖書にしても、新約聖書にしても原語で聖書を読むことはきわめてむずかしいことは言うまでもありません。ところが近年になって、ありがたいことに、旧約も新約も原語の真下に逐語的に英語や日本語の訳がついている逐語対訳、通称インタリニア (interlinear)[行間に書き入れた] の聖書が手にはいるようになりました。旧約のヘブライ語にしても新約のギリシア語にしても基本的なことを学べば、それらを有効に使うことができます。

日本語表記の聖書

　旧約聖書はヘブライ語の原典から、新約聖書はギリシア語の原典から、各国語に翻訳されています。日本語に翻訳された『聖書』は、どの聖書も、もとをただせば原典にいたります。どの『聖書』でも翻訳の言葉や表現にそれぞれの特色がありますが、基本的に同じです。聖書語学検定で参考に使用するのに、次の『聖書』を推奨しております。日本の教会や学校で多く使われている聖書も、次の『聖書』が一般的です。

●日本聖書協会発行　『聖書』(通称「口語訳聖書」と呼ばれます。広く今も使われています。
　　　　　　　　　　　1954 年から発行されています。)

●日本聖書協会発行　『聖書　新共同訳』(通称「新共同訳、続編を含まない」といわれます。)
　　　　　　　　　　　1987 年から発行されています。プロテスタント用の聖書です。)

●日本聖書協会発行　『聖書　新共同訳』(通称「新共同訳、続編含む」といわれます。)
　　　　　　　　　　　1987 年から発行されています。続編を含むためカトリック用の聖書です。

　　　　　　　　　　　『聖書　聖書協会共同訳』(旧約聖書続編付き)

●日本聖書協会発行　『舊新約聖書』(古い訳です。通称「文語訳聖書」と呼ばれます。)
　　　　　　　　　　　(文章が文語体で格調高いのが特色です。)

●いのちのことば社発行、新日本聖書刊行会翻訳　『聖書　新改訳』(通称「新改訳聖書」と呼ばれています。)

●いのちのことば社発行、新日本聖書刊行会翻訳・著作　『聖書 新改訳 2017』

聖書検定ヘブライ語試験

検定試験の方法

●検定試験の【初級】、【上級（中級を含む）】ともに通信による筆記試験です。（時間や場所を問わず受検できます。）

検定試験の試験範囲

「聖書検定ヘブライ語」公式テキストの範囲の中から出題されます。

【初級】の出題範囲は、第 1 課から 11 課までです。

【上級（中級を含む）】は、さらにそれらをふまえて第 1 課から第 39 課までの中から出題されます。

必ず「聖書検定ヘブライ語」公式テキストをお求めいただき、学習のうえ、試験に臨んでください。

検定試験の認定の基準と検定試験受検順位

※飛び級はできませんので、【初級】から順番に受けてください。

級	出題範囲	到達度	受検資格	再試験
【初級】	第 1 課から第 11 課まで	80% 以上	特にありません	検定試験の結果、得点が到達度に満たない場合、すぐに再チャレンジができます。
【上級】（中級を含む）	第 1 課から第 39 課まで（【初級】をふまえて出題）	80% 以上	【初級】の合格者	検定試験の結果、得点が到達度に満たない場合、すぐに再チャレンジができます。

検定試験の受検料

※飛び級はできませんので、【初級】から順番に受けてください。

級	一般（大学生・18 歳から一般）	学割（小学生から高校生）
【初級】	¥2,000（税込・送料込）	¥1,600（税込・送料込）
【上級】（中級を含む）	¥3,000（税込・送料込）	¥2,400（税込・送料込）

申し込みから受検の流れ

① 受検者は申し込み、受検料を支払う（申し込み方法は巻末 pp.179~181 に記載）
↓
② 当協会より検定試験問題用紙、解答用紙、返信用封筒を受検者に送る
↓
③ 受検者は解答用紙に記入し、添付の封筒に入れ当協会に送り返す。
↓
④ 当協会は受検者の解答をていねいに採点し、正誤と共に模範解答冊子と認定証を送る。

採点結果と認定証

採点結果と、受検した級の認定証を発行します。（採点した解答用紙と模範解答冊子を同封）

受検申し込みは、巻末の頁 179~181 を参照。

聖書検定ヘブライ語【初級】と【上級】の検定内容
（中級を含む）

【初 級】

第 1 課　文字とその名称とその発音

第 2 課　アルファベットのまとめとその書き方

第 3 課　母音の発音

第 4 課　第1文型　述語＋主語

第 5 課　第2文型　主語補語＋述語＋主語

第 6 課　第3文型　目的語＋述語＋主語

第 7 課　第4文型　与格的副詞句＋目的語＋

　　　　　　　　　述語動詞＋主語

第 8 課　第5文型　目的補語＋目的語＋

　　　　　　　　　述語動詞＋主語

第 9 課　名詞

第 10 課　冠詞

第 11 課　前置詞

【上 級（中級を含む）】

第 12 課　形容詞

第 13 課　動詞 (その働き)

第 14 課　動詞（その成り立ち）

第 15 課　完了 (Perfect)

第 16 課　未完了 (Imperfect)

第 17 課　接続詞 ׳ [wāw]

第 18 課　ワウ継続法

第 19 課　原典講読 (創世記1章1節)

第 20 課　独立形と合成形

第 21 課　代名詞

第 22 課　関係詞

第 23 課　話態

第 24 課　弱ダゲシュと強ダゲシュ

第 25 課　命令法

第 26 課　不定詞 (Infinitive)

第 27 課　分詞 (Participle)

第 28 課　他動詞と人称接尾辞

第 29 課　例文集

第 30 課　旧約聖書原典とその朗読符

第 31 課　原典講読 (創世記1章2節)

第 32 課　原典講読 (創世記1章3節)

第 33 課　原典講読 (創世記1章4節)

第 34 課　原典講読 （創世記1章5節）

第 35 課　発音関連事項

第 36 課　強動詞のカル完了の活用形

第 37 課　弱動詞のカル完了の活用形

第 38 課　強動詞のカル未完了の活用形

第 39 課　弱動詞のカル未完了の活用形

本書の構成と使い方

〈本書の構成〉

1　各課のタイトル
2　各課の本文
3　各課の練習問題
4　各課の単語

5　「学習メモ」
6　イラスト・図表で学習を補助
7　ヘブライ語書写
8　巻末に練習問題解答

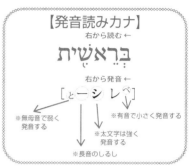

【発音読みカナ】
右から読む ←
בְּרֵאשִׁית
右から発音 ←
[と － シ レ ベ]
※無母音で弱く発音する
※有音で小さく発音する
※太文字は強く発音する
※長音のしるし

●各課のタイトル →

●各課の本文 →

●「学習メモ」で豊かな聖書の学びができます。

●ヘブライ語の「書写」をしましょう。巻末にもまとめています。

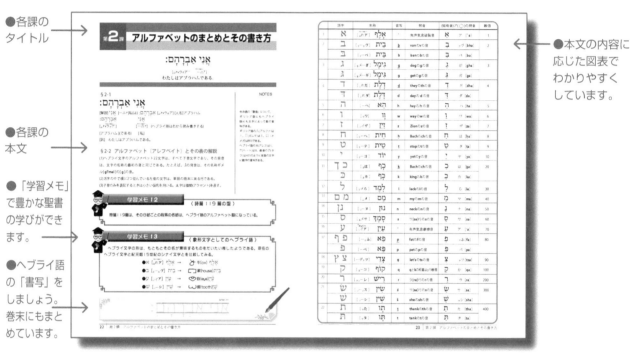

← ●本文の内容に応じた図表でわかりやすくしています。

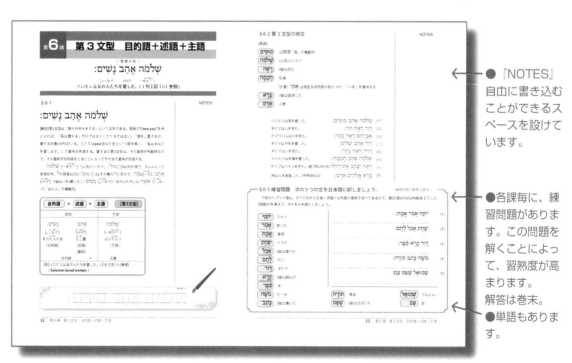

← ● 『NOTES』自由に書き込むことができるスペースを設けています。

← ●各課毎に、練習問題があります。この問題を解くことによって、習熟度が高まります。解答は巻末。

● 単語もあります。

聖書検定ヘブライ語
はじめての聖書のヘブライ語
【初級】

文字とその名称とその発音

אֲנִי אָב:

[ｖア　ー二ア]

私は父である。(I am a father.)

§1-1

「父」

[ｖア]

上記の文字はヘブライ語であり、2個の文字אとבとからなる一つの単語である。אの下の [◌]はカメツという発音記号で少し長めに[ア]と発音する。אはアルファベットのABCのAにあたる。その名称は右から[ふれア]という。なおヘブライ語は右から書き右から読む。

ヘブライ語の文字は、すべて子音字であり、אの発音は、日本人、とくに初心者にはむずかしいので、その子音のあとの母音だけを発音すればよい。בはABCのBにあたり、その名称は[とーェヴ]である。そしてその発音はBの[ブ]ではなく、Vの[ヴ]の音である。בの中に点・(ダゲシュ)をつけるとבとなり、英語のbookのbの音となる。

したがってאבは[ｖア]と発音し、その意味は「父」である。

「私」

[ー二ア]

この語もא[ふれア]ではじまり、その下の[◌]はハテフ・パタハという半母音で[◌]が長めの[ア]であるのに対し、短く[ア]と発音する。その次のנの名称は[ンヌ]で英語のNにあたる。その発音は[ン]である。その下の[◌]はヒレクという母音記号で発音は[イ]である。その次のיの名称は[とーヨ]で英語のYにあたる。その発音はya行のyの音である。しかし[◌]と[י]とがいっしょになって[י◌]となると、長めの[イ]となる。前のא[ア]とその後のנִ[ー二]とがいっしょになるとヘブライ語では、2音節以上の単語は最後にアクセントがあるので、[ー二ア]となり、それは「私」を意味する。אבのように1音節のばあいは、そこにアクセントがある。

ヘブライ語では、現在時制で「何々は何々である」というときは、「～である」という動詞を使わない。文の終止符は旧約聖書では[：]が使われている。

[まとめ] :אֲנִי אָב

　　　　 [ｖア　ー二ア]

　　　　 「父」 「私」

[訳] 私は父である。(I am a father.)

右から書く←

אֲנִי אָב:

§1-2 文字とその名称とその発音

NOTES

ヘブライ語の文字の数は22である。しかし母音字がなく、すべて子音字である。歴史的にヘブライ語が使われなくなり、後になって子音字だけでは判読するのがむずかしくなった。たとえば、**dog**を昔**dg**とつづっていたとし、そのことばが使われなくなってから、あとで判読するとき、母音がはいってないので、どう発音していいか不便になったようなものである。

そこで紀元7世紀頃にマソラ(מָסֹרֶת＝伝統)学者と呼ばれるヘブライ語旧約聖書の伝統を守る学者によって母音記号がつくられ、発音を明確にした。そこでわたしたちがヘブライ語を学ぶばあいは、ヘブライ文字とともに母音記号をも学ぶ必要がある。

仮名表記もアルファベット表記も弱い母音は小さい文字で上方に、子音(ただし、気息記号[ʼ][ʻ]は上方に)だけは小さい文字で下の方に記す。

[要注意]ヘブライ語の各文字の発音は文字の名称の最初の音と同じである。בの発音はその名称[**bhêʻt**]の[**bh**]である。

§1-3 母音記号の学び

◌וֹ ◌ֹ	◌ֵי ◌ֵ	◌וּ	◌ִי	◌ָ	長母音
ーオ　オ	ーエ　エ	ーウ	ーイ	ア	発音
בּוֹ בֹּ bô bō	בֵּי בֵּ bê bē	בּוּ bû	בִּי bî	בָּ bā	例

◌ָ	◌ֶ	◌ֻ	◌ִ	◌ַ	短母音
オ	エ	ウ	イ	ア	発音
בָּ bo	בֶּ be	בֻּ bu	בִּ bi	בַּ ba	例

◌ְ	無音
無発音	発音
בְּ b	例

◌ְ	有音
エ	発音
בְּ b^e	例

◌ֳ	◌ֱ	◌ֲ	半母音
オ	エ	ア	発音
בֳּ b_o	בֱּ b_e	בֲּ b_a	例

[注1]長母音でヘブライ文字がつく記号は、つかないのに比べてやや長めである。前者はローマ文字の上に「◌̂」、後者は「◌̄」である。仮名発音では前者を「ー」後者は省略。

[注2]ヘブライ文字のつく長母音は、つかない長母音より少しだけ長めなので、短母音の左側に[ー]がつく。ヘブライ文字のつかない長母音は◌ָと◌ֵと◌ֹとである。

[注3]長母音[ア]と短母音[オ]との記号が同じ[◌ָ]であるが、アクセントのない閉音節(子音で終わる音節)では◌ָは[オ]と発音する。חָכְמָה [ーマホ] (右から発音←) (知恵)のחָכְのחָ[ホ]がそれにあたる。その後のה◌ָ[ーア] (右から発音←)のהは単語の終わりでは長母音を強調するしるしとして用いられるので仮名の発音では[ー]を使用する。

1

א ['álef]→[']   אの音写は[']

[']←無声気息破裂音(声門を急に開いて発する破裂音)「アッ」と驚いたときに発する最初の子音である。子音[']を発音しないで母音だけを発音してもよい。

[ふれア]

אֹו אֹ	אֹי אֵ	אֹו	אִי	אָ	長母音発音
ーオ オ	ーエ エ	ーウ	ーイ	ア	
אֹ	אֶ	אֻ	אִ	אַ	短母音発音
オ	エ	ウ	イ	ア	
			אֲ		半母音発音
			אの半分の発音		

私[ーニₐ]אֲנִי	‖	[人名]アブラハム [ₘハラₐア]אַבְרָהָם	‖	父[ᵥₐ]אָב

※音写とは、ある言語の発音を、他の言語の文字で書きうつすこと。

※אֲの［ア］はאַの［ア］より少し長め。
したがってבְ の［ₐヴ］はבַの［ₐヴ］より長め。
　要するに◯の［ₐ］は◯の［ₐ］より少し長め。

※ローマ字にある発音記号ではבָは［bhā］であり、בַは、[bā]である。
しかし、ヘブライ文字がついた長母音は少し長めで、בִי［ーᵢヴ］はローマ字による発音記号では[bhî]であり、בִיは[bî]。

2

בַ [bhê't]→[bh]   בַの音写は**b** (bh)

בַ [bê't]→[b]   בַの音写は**b**

[とーₑヴ]

בֹו בֹ בֹי	בֹ בֵ בֵי	בֹו בֹ	בִ בִי	בָ בַ	長母音発音
ーボ ーₒヴ	ーベ ベ ₑヴ	ーブ ーₒヴ	ービ ィヴ	バ ₐヴ	
בֹ בֹ	בֶ בֶ	בֻ בֻ	בִ בִ	בַ בַ	短母音発音
ボ ₒヴ	ベ ₑヴ	ブ ₒヴ	ビ ィヴ	バ ₐヴ	
בְ בְ	無音発音			בֱ בֱ	有音発音
◯を発音しない				◯はeのような音	

バベル[るₑ**ヴ**バ]בָּבֶל (創世記11:9)

3

ג [gímel]→[gh]   dog(犬)のgの音; 音写は**g** (gh)

ג [gímel]→[g]   get(得る)のgの音; 音写は**g**

[るメーぎ]

גֹו גֹ	גֹ גֵ	גֹו גֹ	גִ גִי	גָ גַ	長母音発音
ーゴ ーご	ゲ げ	ーグ ーぐ	ーギ ーぎ	ガ が	
גֹ גֹ	גֶ גֶ	גֻ גֻ	גִ גִ	גַ גַ	短母音発音
ゴ ご	ゲ げ	グ ぐ	ギ ぎ	ガ が	

屋根 [ぐ**ガ**]גַג

学習メモ 1

〈 アルファベットの語源 〉

英語のアルファベット(Alphabet)という語は、ギリシア語の最初の2文字α (アるふₐ)とβ (ベータ)との文字の名称を合わせてできたものである。

さらにギリシア語のα (アるふₐ)とβ (ベータ) とは、ヘブライ語の最初の2文字א (ふれア)とב (とーₑヴ)からきている

4

ד　[**dálet**]→[**d** (dh)]　音写は **d** (dh)

דּ　[**dálet**]→[**d**]　　音写は **d**

右から発音← [とれだ]

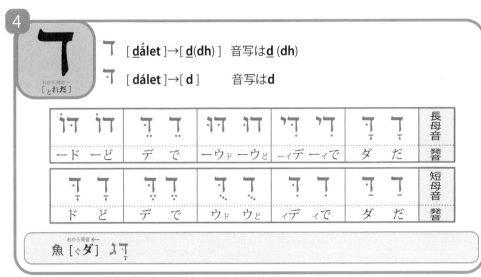

							長母音
דֹו דוֹ	דֹ	דֵ	דֵ	דּוֹ דוֹ	דִי דִ	דָ	דָּ	発音
―ド	―ど	デ	で	―ウド ―ウど	―ィデ ―ィで	ダ	だ	

							短母音
דָ	דָּ	דֶ	דֶּ	דֻ	דֻּ	דִ	דִּ	発音
ド	ど	デ	で	ウド ウど	ィデ ィで	ダ	だ	

右から発音←
魚 [ぐ**ダ**] דָּג

5

ה　[**hê'**]→[**h**]　音写は **h**

右から発音← [―へ]

				長母音
הוֹ	הֵ	הוּ	הִי	הָ	発音
―ホ	―ヘ	―フ	―ヒ	ハ	

				短母音
הָ	הֶ	הֻ	הִ	הַ	発音
ホ	ヘ	フ	ヒ	ハ	

右から発音←　　　　　右から発音←
山 [る**ハ**] הָהָר ‖ 祭司 [ン**ヘ**コ] כֹּהֵן

6

ו　[**wáw**]→[**w**]　音写は **w**

右から発音←
接続詞 ו の [○] は有音。 וֶ [エウ]

右から発音← [ゥワ]

					長母音
ווֹ	וֵ	ווּ	וִי	וָ	発音
―ォウ	エウ	―ウ	―ィウ	ワ	

					短母音
וָ	וֶ	וֻ	וִ	וַ	発音
ォウ	エウ	ウ	ィウ	ワ	

	有音
וְ	発音
エウ	

右から発音←　　　　　　　　　右から発音←
～と馬 [スース**エウ**] וְסוּס ‖ ダビデ [どィ**ウダ**] דָּוִד

学習メモ2

〈 シナイ写本の記号 〉

　聖書の本文批評で、ヘブライ語の最初の文字 א （ふれ**ア**）で表される写本がある。それはシナイ山の聖カタリナ修道院でC.ティッシェンドルフによって発見されたシナイ写本である。
　この写本はすぐれた成績をAで示すように、א 以外によっては表せないほど重要であると彼は考えたからそう名づけたのである。

7 ז [zái̇n]→[z]　音写はz

[注]この[i]は独立音。[ンィ**ザ**]でなく[ンイ**ザ**]。

[シイ**ザ**]

זוֹ	זֵ	זוּ	זִי	זָ	長母音
ーゾ	ゼ	ーズ	ーィズ	ザ	発音
זָ	זֶ	זֻ	זִ	זַ	短母音
ゾ	ゼ	ズ	ィズ	ザ	発音

犠牲 [はァ**ヴゼ**] זֶבַח

8 ח [khê′t]→[kh](hの強い音)　音写はḥ

[とー**ヘ**]

חוֹ	חֵ	חוּ	חִי	חָ	長母音
ーほ	へ	ーふ	ーひ	は	発音
חָ	חֶ	חֻ	חִ	חַ	短母音
ほ	へ	ふ	ひ	は	発音

パン [ム**へれ**] לֶחֶם ‖ 知恵 [ー**マ**ふほ] חָכְמָה [参照] P11 [注3]

9 ט [tê′t]→[t]　音写はṭ

[とー**テ**]

טוֹ	טֵ	טוּ	טִי	טָ	長母音
ート	テ	ーウト	ーィテ	タ	発音
טָ	טֶ	טֻ	טִ	טַ	短母音
ト	テ	ウト	ィテ	タ	発音

良い [ヴー**ト**] טוֹב ‖ 料理人 [は**バタ**] טַבָּח

学習メモ 3

〈 金 〉

「名声は富よりも望ましく、品格は銀や金にまさる。」(箴言22:1)

「金」は、ヘブライ語で [ヴは**ザ**] זָהָב である。

10

י [yôʼd; yûʼd]→[y]　　音写はy

[どーヨ]

					長母音
יֹן	יֵ	יֻן	יִי	יָ	発音
ーヨ	ェイ	ーユ	ーイ[yíʼ]	ヤ	
יֹ	יֵ	יֻ	יִ	יַ	短母音
ヨ	ェイ	ユ	イ[yí]	ヤ	発音

手 [どヤ] יָד ‖ イスラエル [るエラㇲイ] יִשְׂרָאֵל

11

כ [kháf]→[kh]　　音写は<u>k</u>(kh)

כּ [káf]→[k]　　音写はk

[ふは]

					長母音
כוֹ כֹּו	כֵ כֵּ	כֻ כֻּו כוֹ כֹּו	כִי כִּי	כָ כָּ	発音
ーコ ーほ	ケ へ	ーク ーふ	ーキ ーひ	カ は	
כָ כָּ	כֵ כֵּ	כֻ כֻּ	כִ כִּ	כַ כַּ	短母音
コ ほ	ケ へ	ク ふ	キ ひ	カ は	発音

手のひら [ふカ] כַּף ‖ ぶどう畑 [ㇺレケ] כֶּרֶם ‖ 食物 [るヘオ] אֹכֶל

語末形 →

ך

ך はכの語末形　　音写は<u>k</u>(kh)

語末のךは[kh ふ]である。

王 [ふれㇰメ] מֶלֶךְ

〈一点一角（その１）〉

　主イエスは「まことに、あなたがたに告げます。天地が滅びうせない限り、律法の中の一点一画でも決してすたれることはありません。全部が成就されます」（マタイ5:18）と断言している。その中の「一点」というのは、最も小さいヘブライ語の文字 י（どーヨ）のことである。

　「一角」とはヘブライ語の文字 ד（どれだ）のかどの小突起と ר（ユシーレ）のかどの丸みのことである。そのような小さな差で、まったく別な文字になり、意味もまったく異なってくる。

　旧約聖書のそういう細かいところに至るまで「全部が成就される」と主イエス・キリストは力説する。

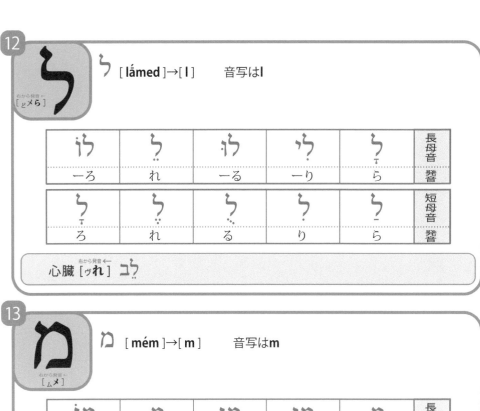

12 ל [lámed]→[l]　　音写は l

[とメら]

長母音発音	לֹ　ー ろ	לֵ　れ	לוּ　ー る	לִי　ー り	לָ　ら
短母音発音	לָ　ろ	לֶ　れ	לֻ　る	לִ　り	לַ　ら

心臓 [ヴれ] לֵב

13 מ [mém]→[m]　　音写は m

[ムメ]

長母音発音	מוֹ　ー モ	מֵ　メ	מוּ　ー ム	מִי　ー ミ	מָ　マ
短母音発音	מָ　モ	מֶ　メ	מֻ　ム	מִ　ミ	מַ　マ

場所 [ムコマ] מָקוֹם

語末形

ם [mém]はמの語末形　　音写は m

[注意]この語末形には発音記号がつかない。

ם は[無母音]で発音は[ム]。

海 [ムヤ] יָם ‖ 母 [ムエ] אֵם

学習メモ５　　　〈 星 〉

「主は星の数を数え、そのすべてに名をつける。」(詩篇 147:4)

「天の万象が数えきれず、海の砂が量れないように」(エレミヤ33:22)とあるが、望遠鏡が発達するにつれ、星の数は増えるのである。そのもろもろの星を造り、その数を数えて名をつけられる神を父とする者は、なんとさいわいなるかな。

上記の「星の数」の「星」はכּוֹכָב の複数形 כּוֹכָבִים [ムーィヴはーコ] が使われている。

学習メモ６　　　〈 種類 〉

創世記１章に、神の創造について「種類にしたがって」と言うことばが10回用いられている。すべての生物が共通の祖先をもっているという進化論は、その聖句によって否定される。その「種類」はヘブライ語で מִין [ンーミ] である。

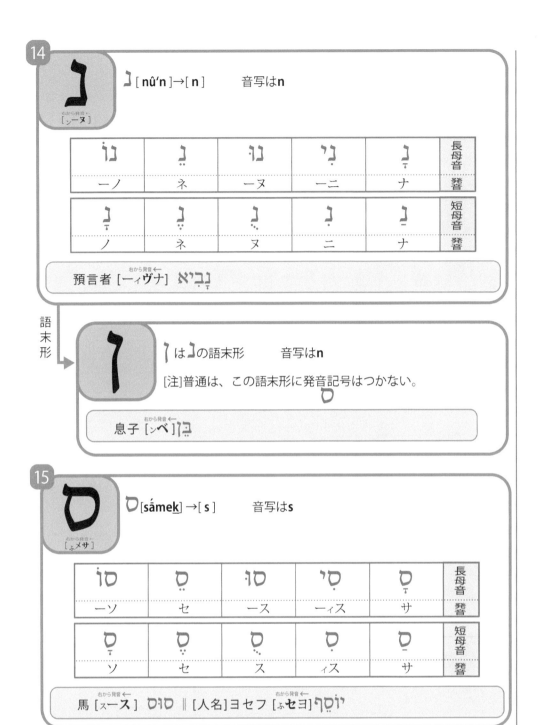

14

נ [nûʼn]→[n]　音写は **n**

［ʼ右から発音ʼ シーヌ］

					長母音
נוּ	נֵ	נוּ	נִי	נָ	発音
ーノ	ネ	ーヌ	ーニ	ナ	

					短母音
נָ	נֶ	נֻ	נִ	נַ	発音
ノ	ネ	ヌ	ニ	ナ	

預言者 ［ーィヴナ］ נָבִיא

語末形

ן は נ の語末形　　音写は **n**

［注］普通は、この語末形に発音記号はつかない。

息子 ［ンベ］ בֵּן

15

ס [sȧmek]→[s]　音写は **s**

［ʼ右から発音ʼ ふメサ］

					長母音
סוֹ	סֵ	סוּ	סִי	סָ	発音
ーソ	セ	ース	ーィス	サ	

					短母音
סָ	סֶ	סֻ	סִ	סַ	発音
ソ	セ	ス	ィス	サ	

馬 ［スース］ סוּס ‖ ［人名］ヨセフ ［ふセヨ］ יוֹסֵף

学習メモ7

〈 馬 〉

馬 （סוּס） は戦いの日のために備えられる。

しかし救い（または勝利）は主による。　（箴言21:31）

旧約・新約をとおして馬は戦いのための強力な武器であり、人は馬に頼りがちである。

しかし、戦いの勝敗は主によるのであり、神の子は何よりも主に頼るべきである。

　　軍馬も勝利の頼みにはならない。

　　その大きな力も救いにはならない。

　　見よ。主の目は主を恐れる者に注がれる。

　　その恵みを待ち望む者に。　（詩篇33:17-18）

16 עַ [ʿáyin]→[ʿ]　　音写は[ʿ]

[ʿ]←有声摩擦音(喉の奥を開けて「ア」と発するときに出る摩擦音)である。子音[ʿ]を発音しないで母音だけを発音してもよい。

עוֹ	עֵ	עוּ	עִי	עָ	長母音発音
オ	ーエ	ーウ	ーイ	ア	

עָ	עֶ	עֻ	עִ	עַ	短母音発音
オ	エ	ウ	イ	ア	

しもべ [とベエ] עֶבֶד ‖ 目 [ンイア] עַיִן

17 פ [fêʾ]→[f]　　音写はp̲ (ph)
פ [pêʾ]→[p]　　音写はp

פוֹ פוֹ	פֵ	פ פוּ	פִי פְי	פָ פַ	長母音発音
ポ ォフ	ペ ェフ	プ フ	ピ ィフ	パ ァフ	

פָ פָ	פֶ פֶ	פֻ פֻ	פִ פִ	פַ פַ	短母音発音
ポ ォフ	ペ ェフ	プ フ	ピ ィフ	パ ァフ	

さばき人 [トェふョシ] שׁוֹפֵט ‖ 口(くち) [ーペ] פֶּה [注] ה は長音のしるしとして ◯ה のように用いられる。

語末形

ף [fêʾ]→[f]　　音写はp̲ (ph)

ף は פ の語末形である。

[注] 語末形 ף に発音記号はつかない。

猿 [ふコ] קוֹף ‖ 銀 [ふセケ] כֶּסֶף

学習メモ 8

〈 過越祭 〉

　過越祭 (פֶּסַח) は פָּסַח [はサパ]「過ぎ越す」から来ている語で、イスラエル人がエジプトでの奴隷状態から解放される時の最後のできごとを記念するために制定(出エジプト12:1-27; 23:15 ; 申命16:1-8)。 これは聖所で守る三代祝祭日 (過越の祭り、七週の祭り、仮庵の祭り) の最初のものである。

　この祭りは主がエジプトの人と獣とのういごをすべて打たれたとき、子羊の血を家の入り口の二つの柱とかもいに塗りつけて主の救出を待つイスラエル人の家は過越していかれた事件を記念するものである。ほふられた子羊は主イエス・キリストを予表するものである。バプテスマのヨハネは自分の方に来られるイエスを見て「見よ、世の罪を取り除く神の子羊」 (ヨハネ1:29)と言っている。

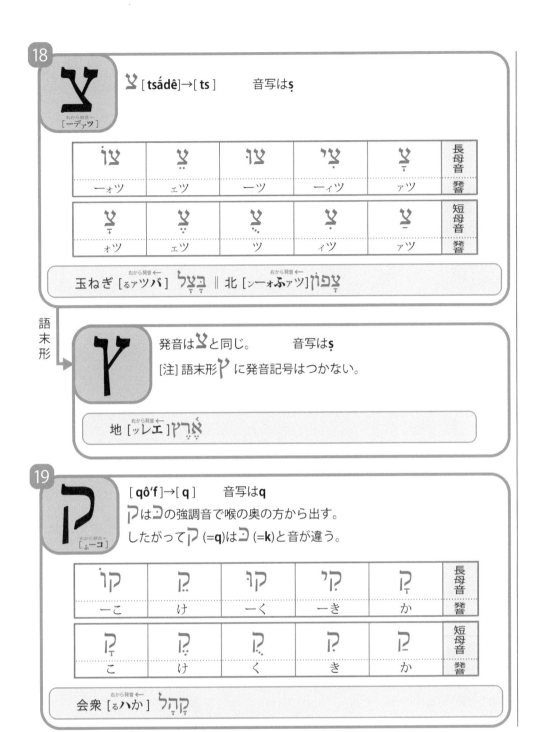

18

צ [tsádê]→[ts]　　音写は ṣ

おから拗音←
［ーデッツ］

צוֹ	צְ	צוֹ	צִי	צָ	長母音
ーォツ	ェツ	ーツ	ーィツ	ァツ	発音

צָ	צְ	צֻ	צִ	צַ	短母音
ォツ	ェツ	ツ	ィツ	ァツ	発音

玉ねぎ [るァツバ]（右から発音←） בָּצָל ‖ 北 [ンーォふァツ]（右から発音←） צָפוֹן

語末形 →

ץ　　　発音は צ と同じ。　　音写は ṣ

[注] 語末形 ץ に発音記号はつかない。

地 [ッレエ]（右から発音←） אֶרֶץ

19

ק [qôʻf]→[q]　　音写は q

ק は כ の強調音で喉の奥の方から出す。
したがって ק (=q)は כ (=k)と音が違う。

おから発音←
［ふーコ］

קוֹ	קְ	קוּ	קִי	קָ	長母音
ーこ	け	ーく	ーき	か	発音

קָ	קְ	קֻ	קִ	קַ	短母音
こ	け	く	き	か	発音

会衆 [るハか]（右から発音←） קָהָל

学習メモ9

〈 みことばの糧 〉

「そよ風の吹くころ、彼ら(アダムとエバ)は園を歩き回られる神である主の声を聞いた。」
(創世記 3:8 新改訳) とあるが、別訳には神が歩まれる「音」とある。

神が「あなたは、どこにいるのか」と問いかけているので、本文の קוֹל [声・音] は「声」が良いと思われる。

神の戒めを破って神のみ前から身を隠す二人を、人のかたちをとって「あなたは、どこにいるのか」と呼びかけつつ探し求める神の姿の極致は、「ことばは人となって、私たちの間に住まわれた」 (ヨハネ1:14)である。

神のその姿は、まさに主イエス・キリストの地上生涯の予表である。
「人の子は、失われた人を捜して救うために来たのです。」 (ルカ19:10)

ר [rê'sh]→[r]　　音写はr

風、霊[ハ**アル**] ר‫וּחַ ‖ 悪い [**ラ**] רַע

שׂ [sî'n]→[s]　　音写はś

שׁ [shî'n]→[sh]　音写はš

歯[ンェ**シ**] שֵׁן ‖ 肉 [ル**サバ**] בָּשָׂר

תֿ [thắw]→[th]　音写は**t** (th)

תּ [tắw]→[t]　　音写は**t**

飲む [ーたャシ] שָׁתָה ‖ 律法[ーラート] תּוֹרָה

[注] הֿ(◌ָ)はカメツ(◌ָ)の上の文字の発音を**ā**から**â**に変える。

[注]　音節(**Syllable**)は、1つの母音を中心とする音のまとまりである。1音節の単語には
そこにアクセントがあり、2音節以上の単語には最後か、またはその前にアクセントが
ある。

§1-3 練習問題　次の５つの文を日本語に訳しましょう。　　　　　　　(練習問題の解答は巻末)

(1)　אֲנִי אַבְרָהָם:

אֲנִי	私は
אַבְרָהָם	(人名)アブラハム
יוֹסֵף	(人名) ヨセフ
דָוִד	(人名)ダビデ
מֶלֶךְ	王
נָבִיא	預言者

(2)　אֲנִי יוֹסֵף:

(3)　אֲנִי דָוִד:

(4)　אֲנִי מֶלֶךְ:

(5)　אֲנִי נָבִיא:

[注](3)の דָוִד の דָ は本来ならば דָּ である。しかしここで弱ダゲシュ(・)がないのは、直前の単語が開音節(母音[アイウエオ]で終わる音節)で終わっているからである。こういうばあいは(・)が省かれることが多い。

学習メモ 10

〈 שָׁלוֹם 　[ムーろゃシ] 右から発音← 〉

この語は平和とか平安など種々に訳されているが、שָׁלוֹם はイスラエルの古くからの理想である。

詩篇34:14には「悪を離れ、善を行なえ。平和(שָׁלוֹם)を求め、それを追い求めよ。主の目は正しき者に向き、その耳は彼らの叫びに傾けられる」とある。

預言者イザヤは「『悪者どもには平安がない』と主は仰せられる」と預言した。(イザヤ48:22)

新約聖書的に言うならば、人はイエス・キリストを信じ受け入れることによって神と和解し**(Peace with God** 「神との平和」)(ローマ5:1)、その結果、祈りによって、神の平安(**the Peace of God**)(ピリピ4:7)が与えられるのである。

あいさつのことばとして שָׁלוֹם は、今のイスラエルで人に会うときも別れるときも時間に関係なく使える便利なことばである。

学習メモ 11

〈 律法 〉

律法(תּוֹרָה)と、は極端に要約すれば、人に罪を知らせるものであり（ローマ7:7)、救いは主イエス・キリストによって与えられるものである。　（ローマ8:3)

אֲנִי אַבְרָהָם׃

[ムハラ_ゥア　　ーニア]

わたしはアブラハムである。

§2-1

אֲנִי אַבְרָהָם׃

[解説] אֲנִי [ーニア]私(は) ; אַבְרָהָם [ムハラ_ゥア] [人名]アブラハム

אַבְרָהָם׃　　　　　　　אֲנִי

[ムハラ_ゥア]　　　　　　　[ーニア]　（ヘブライ語は右から読み書きする）

[アブラハム](である)　　　[私]

[訳]　わたしはアブラハムである。

§2-2　アルファベット（アレフベイト）とその表の解説

(1)ヘブライ文字のアルファベット22文字は、すべて子音文字であり、その発音は、文字の名称の最初の音と同じである。たとえば、 ג の発音は、その名称ギメル[**gi‘mel**]の[**g**]の音。

(2)活字の中で横に2つ並んでいる左側の文字は、単語の語末に来る形である。

(3)子音のみを表記するときは小さい仮名を用いる。太字は強勢(アクセント)を表す。

学習メモ 12

〈 詩篇 119 篇の型 〉

詩篇119篇は、その8節ごとの段落の各節は、ヘブライ語のアルファベット順になっている。

学習メモ 13

〈 象形文字としてのヘブライ語 〉

ヘブライ文字の形は、もともとその名が意味するものをだいたい表したようである。現在のヘブライ文字と紀元前15世紀のシナイ文字とを比較してみる。

- ● א [ふれア] אֶלֶף → 牛(ox) אֶלֶף
- ● ב [と—ェヴ] בַּיִת → 家(house) בַּיִת
- ● ע [シィア] עַיִן → 目(eye) עַיִן
- ● שׁ [シ—シ] שִׁין → 歯(tooth) שִׁין

	活字	名称	音写	発音	(短母音)ア(◯)の発音		数値
1	א	[ふれア] אָלֶף（右から発音←）	'	無声気息破裂音	אַ	ア ['a]	1
2	ב	[とーェヴ] בֵית	b̲	vanのvの音	בַ	ァヴ [bha]	2
	בּ	[とーベ] בֵית	b	banのbの音	בַּ	バ [ba]	
3	ג	[るメーぎ] גִימֶל	g̲	dogのgの音	גַ	が [gha]	3
	גּ	[るメーギ] גִימֶל	g	getのgの音	גַּ	ガ [ga]	
4	ד	[とれだ] דָלֶת	d̲	theyのthの音	דַ	だ [dha]	4
	דּ	[とれダ] דָלֶת	d	dayのdの音	דַּ	ダ [da]	
5	ה	[ーヘ] הֵא	h	hayのhの音	הַ	ハ [ha]	5
6	ו	[ゥワ] וָו	w	wayのwの音	וַ	ワ [wa]	6
7	ז	[ンイザ] זַיִן	z	Zionのzの音	זַ	ザ [za]	7
8	ח	[とーヘ] חֵית	ḥ	Bachのchの音	חַ	は [ḥa]	8
9	ט	[とーテ] טֵית	ṭ	stopのtの音	טַ	タ [ṭa]	9
10	י	[どーヨ] יוֹד	y	yetのyの音	יַ	ヤ [ya]	10
11	כ ך	[ふは] כָף	k̲	Bachのchの音	כַ	は [ka]	20
	כּ	[ふカ] כָּף	k	kingのkの音	כַּ	カ [ka]	
12	ל	[どメら] לָמֶד	l	lackのlの音	לַ	ら [la]	30
13	מ ם	[ムメ] מֵם	m	myのmの音	מַ	マ [ma]	40
14	נ ן	[ンーヌ] נוּן	n	neckのnの音	נַ	ナ [na]	50
15	ס	[ふメサ] סָמֶךְ	s	サ[sa]行のsの音	סַ	サ [sa]	60
16	ע	ᶜáyin [ンイア] עַיִן	'	有声気息摩擦音	עַ	ア ['a]	70
17	פ ף	[ーェふ] פֵא	p̲	fatのfの音	פַ	ァふ [fa]	80
	פּ	[ーペ] פֵא	p	patのpの音	פַּ	パ [pa]	
18	צ ץ	[ーデァツ] צָדִי	ṣ	let'sのtsの音	צַ	ァツ [tsa]	90
19	ק	[ふーコ] קוֹף	q	qとkの相量はp19参照	קַ	か [qa]	100
20	ר	[ユシーレ] רֵישׁ	r	ラ[ra]行のrの音	רַ	ラ [ra]	200
21	שׂ	[ンーィス] שִׂין	ś	サ[sa]行のsの音	שַׂ	サ [sa]	300
	שׁ	[ンーシ] שִׁין	š	sheのshの音	שַׁ	ャシ [sha]	
22	ת	[ゥた] תָו	t̲	thankのthの音	תַ	た [tha]	400
	תּ	[ゥタ] תָּו	t	tankのtの音	תַּ	タ [ta]	

§2-3 ヘブライ文字はどう書くか

旧約聖書の印刷の活字は、手書きで書き写された文字に基づいてつくられたもので、学習者は印刷の活字にならって書いてよい。

現在ヘブライ語の学習には2種類の手書きがある。1つは手書きの活字体で、これは印刷体に近く、もう1つは筆記体で、これは印刷体と比べると相当くずれている。アレフで示せば次のようになる。

印刷の活字体	手書きの活字体の書き方	筆記体の活字体の書き方
א	א א	אc אc

§2-4 活字体の手書き (線文字)

印刷された活字体を手書きで写すばあいは、飾り字を省略して、次のように線文字で書く。聖書ヘブライ語学習者はこれが便利である。

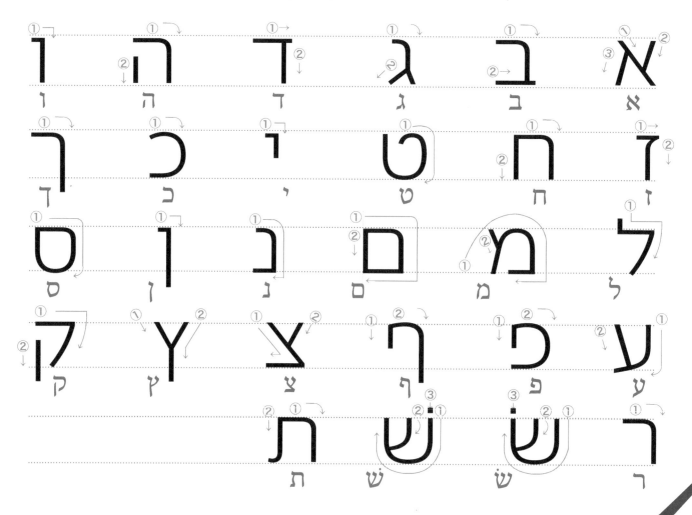

§2-5 ヘブライ語の母音記号 (1行目の仮名の発音は基本としての短母音)

オ	エ	ウ	イ	ア	発音
(名称) ホレム・ワウ	(名称) ツェレ	(名称) シュレク	(名称) ヒレク・ヨッド	(名称) カメツ	長母音
(名称) ホレム					準長母音
(名称) カメツ・ハトゥフ	(名称) セゴル	(名称) キブツ	(名称) ヒレク	(名称) パタハ	短母音
(名称) ハテフ・カメツ	(名称) ハテフ・セゴル			(名称) ハテフ・パタハ	半母音
	(名称) シェワー				有音

	オ		エ		ウ		イ		ア		
[ーオ]	אוֹ	[エ]	אֵ	[ーウ]	אוּ	[ーイ]	אִי	[ア]	אָ	א	[']
[オ]	אֹ	[エ]	אֶ	[ウ]	אֻ	[イ]	אִ	[ア]	אַ		
[ーボ]	בּוֹ	[ベ]	בֵּ	[ーブ]	בּוּ	[ービ]	בִּי	[バ]	בָּ	בּ	**[b]**
[ボ]	בֹּ	[ベ]	בֶּ	[ブ]	בֻּ	[ビ]	בִּ	[バ]	בַּ		
[ーゴ]	גּוֹ	[ゲ]	גֵּ	[ーグ]	גּוּ	[ーギ]	גִּי	[ガ]	גָּ	גּ	**[g]**
[ゴ]	גֹּ	[ゲ]	גֶּ	[グ]	גֻּ	[ギ]	גִּ	[ガ]	גַּ		
[ード]	דּוֹ	[デ]	דֵּ	[ーウド]	דּוּ	[ーィデ]	דִּי	[ダ]	דָּ	דּ	**[d]**
[ホ]	הֹ	[ヘ]	הֵ	[フ]	הֻ	[ヒ]	הִ	[ハ]	הַ	ה	**[h]**

§2-6 2種類の ◌ָ

母音記号 ◌ָ は普通は長めの[ア]で、その名称はカメツである。同じ ◌ָ でも、そこにアクセントがなくて、その後が子音で閉じるばあいは[オ]となり、日本語の[オ]に相当する。その名称はカメツ・ハトフという。

§2-7 練習問題　次の5つの文を日本語に訳しましょう。

(練習問題の解答は巻末)

(1) אֲנִי אָב׃

(2) אַתָּה בֵּן׃

(3) הִיא אֵם׃

(4) אֲנִי מֶלֶךְ׃

(5) אֲנִי אֵם׃

אַתָּה	あなたは	בֵּן	息子	
הִיא	彼女は	אֵם	母	
מֶלֶךְ	王			

母音の発音

זֶה סֵפֶר:

[ルェふセ ―ゼ]
右から発音←
これは本である。

§3-1

זֶה סֵפֶר:

[解説] זֶה [―ゼ]これは ; ה ◌ [―エ] ; סֵפֶר [ルェふセ] 本
[訳]これは本である。(**This is a book.**)

§3-2 母音の発音

　ヘブライ語のアレフベート22文字はすべて子音字である。母音の発音はネクダ（נְקֻדָּה 点の意）と呼ばれる母音記号を子音字の下か上につけて表す。

　母音記号をつけなければ、ヘブライ語の単語はいく通りにも読み方が可能になる。たとえば ספר は次のように読めるのである。

סֵפֶר [ルェふセ] (名詞) 本　　　　　סֹפֵר [ルェふソ] (名詞) 書記

סָפַר [ルァふサ] (動詞) 数える　　　סְפָר [ルァふセ] (名詞) 人口調査

§3-3 母音記号

記号	名称	発音		合成音		例
◌ָ	カメツ	長め ア	ā	בָ バ	[bā]	בָּשָׂר [ルサバ]肉 (flesh)
◌ַ	パタハ	短 ア	a	בַ バ	[ba]	בַּיִת [とイバ] 家 (house)
◌ָ	カメツ・ハトフ	短 オ	o	חָ ホ	[ho]	חָכְמָה [―マふホ] 知恵

חָכְמָה [―マふホ] 知恵。חָכְמָה の חָכְ のように子音で音節を閉じる閉音節で、しかもアクセントがないばあいは、◌ָ は[オ, o]になり、חָכְ は[ふホ]となる。
[注]ハトフ(חָטוּף)とは「大急ぎの」（現代ヘブライ語の形容詞）

右から書く←
זֶה סֵפֶר:

§3-4 シェワーの発音

シェワー(שְׁוָא)の記号は[◌ְ]で、有音と無音とがある。

(1)有音シェワー

単語のはじめの文字につくシェワー[◌ְ]は有音[エ]である。そこにはアクセントはない。一例として、創世記1:1の最初の単語בְּרֵאשִׁית [と—シレ〔ー〕] (はじめに)のבְּ の[◌ְ]がそうである。

(2)無音シェワー

これは音節を閉じる子音字につくシェワーで、そこに母音が存在しないことを示す。人名のאַבְרָהָם ['avrāhā́m] (アブラハム)のאַבְ は['avゥア]であって['aveᵉ] ではない。

§3-5 複合シェワー

§3-4で学んだシェワー[◌ְ]を単純シェワーといい、それに対して複合シェワーがある。これは喉音（のどから出す音）文字(א ה ח ע)につくものである。ハテフ・パタハ[◌ֲ]とハテフ・セゴル[◌ֱ]とハテフ・カメツ[◌ֳ]がそうである。

喉音文字はその性質上、あいまいな音を許さないのでよりはっきりした、しかも迅速な(ハテフ)母音を要するのである。

(1) ハテフ・パタハ[◌ֲ ア]

חֲמוֹר [ルー—モ(ハ)]ろば；חֲנוֹךְ [ふ—ノ(ハ)]エノク(4人の同じ名の人物[創世記4:17；5:18；25:4(חֲנֹךְ)；46:9］)

(2) ハテフ・セゴル[◌ֱ エ]

אֱלֹהִים [ム—ヒろエ] 神；אֱלִימֶלֶךְ [くれメー—リェ] (人名)エリメレク(「私の神は王」の意：ナオミの夫の名(ルツ記1:1-3)

(3) ハテフ・カメツ[◌ֳ オ]

אֳנִיָּה [—ヤー二オ]船；נָעֳמִי [—ミォノ]ナオミ(ルツの義母でエリメレクの妻)

(注)ハテフ・カメツの前の(◌ָ)は(o)と発音する。上記נָעֳמִי に注意。

§3-6 練習問題　次の5つの文を日本語に訳しましょう。

(練習問題の解答は巻末)

(1) זֶה סֵ֫פֶר:

(2) זֶה בָּשָׂר:

(3) זֶה סוּס:

(4) זֶה בַּ֫יִת:

(5) זֶה חֲמוֹר:

※単語は単語集参照

NOTES

第１文型　述語＋主語

דָּוִד בָּא מַחֲנָ֫יְמָה׃

[ー マィ**ナ**はマ　　ー バ　　どィ**ヴ**ダ]
右から発音 ←
ダビデはマハナイムに来た。

---

§4-1

NOTES

מַחֲנָ֫יְמָה

[解説] מַחֲנָ֫יְמָה[ー マィ**ナ**はマ]マハナイムに(語尾 הָ 「〜に、〜へ」)
右から発音 ←

[参考] מַחֲנָ֫יְמָהの נָの表記はⅡサム17:24によるのであり、通常はמַחֲנָ֫יְמָהであ
る。(§4.4の練習問題参照)

述語 ＋ 主語	[第1文型]
述部	主部

בָּא　　　מַחֲנָ֫יְמָה׃	דָּוִד
[ー マィ**ナ**はマ]　[ー バ] 右から発音 ←	[どィ**ヴ**ダ] 右から発音 ←
にムイナハマ　　た来 右から読む ←	はデビダ 右から読む ←
[修飾語]　　[述語]	[主語]

[訳]ダビデはマハナイムに来た。(Ⅱサムエル記17:24[参考])

文の構成
文
述部　　主部
(述べる部分)
その中心は、 述語＝動詞

§4-2　文

　文とは、単語をつなぎ合わせて、あるまとまった考えを言い表すものである。
そのためには、問題となる主部とその問題を説明する述部とがなければならない。
主部の中心となる語が主語であり、述部の中心となる語が述語(述べることば)、す
なわち動詞である。この文型では主語と述語が文の要素である。例文の「マハナ
イムに」は動詞を修飾する副詞であり、それは文の要素ではなく修飾語である。
この文型(**Sentence　pattern**)は主語と述語、すなわち動詞[自動詞]だけで、まとま
った基本的な考えを表すものである。要するに「ダビデは来た」でダビデがどう
したかがわかり、さらにどこに来たかを表すために、「マハナイムに」という副
詞が動詞を修飾する。

右から書く ←

§4-3　方向を表す語尾 (Directional ending) とその他

　ヘブライ語には、方向を表す語尾 הָ◌（〜に、へ）があり、名詞や副詞を方向を表す副詞にする。その語尾の特徴はアクセントがないことである。その前の יִ は יְ になる。

[単語]

מִצְרַ֫יִם	エジプト	→	מִצְרַ֫יְמָה	エジプトへ
מַחֲנַ֫יִם	マハナイム	→	מַחֲנַ֫יְמָה	マハナイムへ
הָעִיר	その町	→	הָעִ֫ירָה	その町へ
הַבַּ֫יִת	その家	→	הַבַּ֫יְתָה	その家へ
שָׁם	そこに	→	שָׁ֫מָּה	そこへ
פֹּה	ここに	→	הֵ֫נָּה	ここへ
לִי	私に　[参照] §21-8		אֵין	(が)ない
הָלַךְ	(彼は)行った			
שָׁבַת	(彼は)休んだ			

ダビデはその家に来た。	(イ) דָּוִד בָּא הַבַּ֫יְתָה׃
ヤコブはエジプトへ来た。	(ロ) יַעֲקֹב בָּא מִצְרַ֫יְמָה׃
サムエルはここへ来た。	(ハ) בָּא שְׁמוּאֵל הֵ֫נָּה׃
サムソンはその町へ行った。	(ニ) שִׁמְשׁוֹן הָלַךְ הָעִ֫ירָה׃
ナタンはそこへ行った。	(ホ) נָתָן הָלַךְ שָׁ֫מָּה׃
彼はそこで休んだ。	(ヘ) הוּא שָׁבַת שָׁם׃
私には息子がいない。	(ト) אֵין לִי בֵּן׃

---

§4-4　練習問題　次の５つの文を日本語に訳しましょう。

（練習問題の解答は巻末）

(2) אַבְרָהָם בָּא מִצְרַ֫יְמָה׃

(1) דָּוִד בָּא מַחֲנַ֫יְמָה׃

(4) הַנָּבִיא הָלַךְ הָעִ֫ירָה׃

(3) מֹשֶׁה הָלַךְ מִצְרַ֫יְמָה׃

(5) שְׁמוּאֵל שָׁבַת שָׁם׃

※単語は上記参照

学習メモ 14

〈 書物に記されたことば 〉

「この福音は、神がその預言者たちを通して、聖書において前から約束されたもので（ある）。」（ローマ 1:2）

　神は預言者を通して福音の約束を与えられたが、それが与えられるのはあくまでも文書としての聖書においてである。書物に記されたことばが、約束のことばなのである。神のことばは文書としての聖書、すなわち書き記されてことばとして与えられている。

　ここに聖書語学を学ぶ意味がある。

第2文型　主語補語＋述語＋主語

《 聖書の句 》

הָאָרֶץ הָיְתָה תֹהוּ׃

［ーフと　　ーたィハ　　　ッレアハ］

その地は空白であった (その地にはなにもなかった)。(創世記 1:2)

---

§5-1

NOTES

הָאָרֶץ הָיְתָה תֹהוּ׃

[解説] הָאָרֶץ [ッレアハ]その地(< אֶרֶץ 地(女性名詞)＋ הַ 冠詞)

הָיְתָה [ーたィハ](それは)〜であった(הָיָה の女性形)

תֹהוּ [ーフと] (< תֹהוּ)空白

| 主語補語 | ＋ | 述語 | ＋ | 主語 | | [第2文型] |

述部	主部
תֹהוּ הָיְתָה׃	הָאָרֶץ
［ーフと　ーたィハ］	［ッレアハ］
白空　　たっあで〜	は地のそ
［補語］　［述語］	［主語］

[訳]その地は空白であった(その地にはなにもなかった)。(創世記1:2)

　主語が女性名詞なので、その動詞も女性動詞が用いられる。例文の הָיְתָה 「(女性動詞)〜であった」は述部の中心的な語である。この文型が第一文型とちがうところは、同じ自動詞でも、それだけでは文の意味が不完全なので、もう1つ要素を補ってはじめて文の意味が完全になることである。　主格の意味を補う要素が主語(の)補語である。第2文型は「AはBである」であり、A＝Bの関係である。

§5-2 右から主語＋動詞＋補語の例文

הָאִשָּׁה הָיְתָה טוֹבָה׃ (2)	הַנָּחָשׁ הָיָה עָרוּם׃ (1)
［ーァヴト　ータィハ　ーァシッイハ］	［ムールアー　ーヤハ　ュシはナハ］
な良善　たっあで〜　は人の女のそ	い賢るず　たっあで〜　はびへのそ
［訳］その女の人は善良であった。	［訳]そのへびは狡猾であった。

右から書く←

הָאָרֶץ הָיְתָה תֹהוּ׃

§5-3 無動詞(Verbless)構文

この構文の時制は一般に現在で、主語を強調するときは、主語が先行する。

(1)補語が名詞のばあい

(イ)	יְהוָה רֹעִי׃	主は私の羊飼いである。(詩篇23:1)
(ロ)	הָאִישׁ עֹבֵד׃	その人は召使である。
(ハ)	שְׁמוּאֵל שֹׁפֵט׃	サムエルはさばく人である。
(ニ)	מֹשֶׁה נָבִיא׃	モーセは預言者である。
(ホ)	פַּרְעֹה מֶלֶךְ׃	ファラオは王である。
(ヘ)	אֲנִי אָב׃	私は父である。

[解説] (イ) יְהוָה はイスラエルの神の名で、それをみだりに唱えることが禁じられていたため（出エジプト記20:7）、その4つの子音字（神聖四文字という）をどう発音すべきかわからなくなった。そこで複数の目上の方を意味する אֲדֹנָי [ィナどァ] (創世記19:2参照)の発音だけを借りて、それを神名としてそれに当てることになっている。その意味は「主」である。 רֹעִי [ーイロ]は「私の羊飼い」で、 יִ [私の] + רֹעֶה [羊飼い]からなっている。(ロ) עֹבֵד [どェヴE]召使い。
(ハ) שֹׁפֵט [トェふョシ]さばきつかさ。 (ニ) נָבִיא [ーィヴナ]預言者。
(ホ) פַּרְעֹה [ーオルパ]エジプトの王の通称。

(2)補語が形容詞で順序が主語・補語のばあい

(イ)	הָעֶבֶד דַּל׃	そのしもべは貧しい。
(ロ)	הַכֹּהֵן זָקֵן׃	その祭司は老いている。
(ハ)	הַמֶּלֶךְ כֵּן׃	その王は正直である。
(ニ)	הַבַּיִת גָּדוֹל׃	その家は大きい。
(ホ)	הַגַּן קָטֹן׃	その庭は小さい。

[解説] (イ) הָעֶבֶד の הָ は冠詞; דַּל 貧しい; (ロ) הַכֹּהֵן の ⊙ הַ は冠詞、 כֹּהֵן は祭司; זָקֵן 老いている; (ハ) הַמֶּלֶךְ (その王)の ⊙ הַ は冠詞; כֵּן 正直な; (ニ) הַבַּיִת (その家) の ⊙ הַ は冠詞; גָּדוֹל 大きい; (ホ) הַגַּן の הַ は冠詞、 גַּן は庭で、特例として冠詞がつくと גַּ が גָּ になる; קָטֹן 小さい; (イ)-(ホ)は主語が前に出てその主語が強調されている。

---

§5-4 練習問題　次の５つの文を日本語に訳しましょう。

（練習問題の解答は巻末）

(2)	הַנָּחָשׁ הָיָה עָרוּם׃
(4)	שְׁמוּאֵל שֹׁפֵט׃

(1)	הָאָרֶץ הָיְתָה תֹהוּ׃
(3)	הָאִישׁ הָיָה זָקֵן׃
(5)	פַּרְעֹה מֶלֶךְ׃

※単語は上記参照

第3文型　目的語＋述語＋主語

《 聖書の句 》

שְׁלֹמֹה אָהַב נָשִׁים:

［ムーシナ　　ゥハア　　ーモろエシ］

ソロモンは女の人たちを愛した。（［参考］Ⅰ列王記11:1)

§6-1

NOTES

שְׁלֹמֹה אָהַב נָשִׁים:

[解説]第3文型は「誰々が何々をする」という文型である。英語の"I love you."を例にとれば、「私は愛する」だけでは文として十分ではない。「誰を」愛するか、愛する対象(目的)がいる。ここではyou(あなたを)という語を補い、「私はあなたを愛します。」で意味が完成する。要するに第3文型は、その動詞が他動詞なので、その動詞が目的語をとることによってその文の意味が完成する。

שְׁלֹמֹה [ーモろエシ]「(人名)ソロモン」; לの[ֹ]は[オ]の音で、ホレムという母音記号。לの発音は[ろ] ; מの[ֹ]はその後のהと合せて、מֹה は[ーモ] ; אָהַב [ゥハア]「(彼は～を)愛した」; נָשִׁים [ムーシナ]「女の人たち」はאִשָׁה [ーャシッイ]「女の人」の複数形。

目的語	＋	述語	＋	主語	[第3文型]

述部		主部
נָשִׁים: ［ムーシナ］ をちた人の女 [目的語]	אָהַב ［ゥハア］ たし愛 [述語] (動詞)	שְׁלֹמֹה ［ーモろエシ］ はンモロソ [主語]
目的語	≠	主語

[訳]ソロモンは女の人たちを愛した。(Ⅰ列王記11:1参照)
(**Solomon loved women.**)

שְׁלֹמֹה אָהַב נָשִׁים:

§6-2 第3文型の例文

[単語]

סוּסִים	は סוּס 「馬」の複数形
שְׁלֹמֹה	(人名)ソロモン
רָאָה	(彼は)見た
חָכְמָה	知恵

[注意] אֶת־ は特定な目的語の前につけ、「～を」を意味する

בָּרָא	(彼は)創造した
אָדָם	人間

ソロモンは馬を愛した。	שְׁלֹמֹה אָהַב סוּסִים׃	(イ)
ダビデは山を見た。	דָּוִד רָאָה הַר׃	(ロ)
アブラハムは川を見た。	אַבְרָהָם רָאָה נָהָר׃	(ハ)
ダビデは平和を愛した。	דָּוִד אָהַב שָׁלוֹם׃	(ニ)
ダビデは川を見た。	דָּוִד רָאָה נָהָר׃	(ホ)
ソロモンは知恵を愛した。	שְׁלֹמֹה אָהַב חָכְמָה׃	(ヘ)
ヤコブはラケルを見た。(創世記29:10)	רָאָה יַעֲקֹב אֶת־רָחֵל׃	(ト)
神は人を創造した。(申命記4:32)	בָּרָא אֱלֹהִים אָדָם׃	(チ)

§6-3 練習問題　次の5つの文を日本語に訳しましょう。

（練習問題の解答は巻末）

　下記のヘブライ語は、すべて右から主語＋述語＋目的語の順序で並べてあるので、誰(主語)が何(目的語)をどうした(述語)かを考えて、それを日本語にしましょう。

יוֹסֵף	ヨセフ	יוֹסֵף אָמַר אֱמֶת׃	(1)
אָמַר	言った	יִצְחָק אָכַל לֶחֶם׃	(2)
אֱמֶת	真理		
יִצְחָק	イサク	דָּוִד קָרָא סֵפֶר׃	(3)
אָכַל	(彼は)食べた		
לֶחֶם	パン	מֹשֶׁה כָּתַב תּוֹרָה׃	(4)
דָּוִד	ダビデ		
קָרָא	(彼は)読んだ	שְׁמוּאֵל שָׁפַט עַם׃	(5)
סֵפֶר	本		
מֹשֶׁה	モーセ		
כָּתַב	(彼は)書いた		

תּוֹרָה	律法	שְׁמוּאֵל	サムエル		
שָׁפַט	(彼は)さばいた	עַם	民		

《 聖書の句 》

וַיהוָה נָתַן חָכְמָה לִשְׁלֹמֹה׃

[ーモろシュリ　　ーマふホ　　ンたナ　　ィナどア]

主はソロモンに知恵を与えた。([参考] I 列王記 5:26)

§7-1

NOTES

וַיהוָה נָתַן חָכְמָה לִשְׁלֹמֹה׃

[解説]第4文型は「誰々が誰々に何々をしてあげる」文型である。אֲדֹנָי [יְהוָה [
ィナどァ]主；נָתַן [ンたナ]「(彼は)〜与えた」；חָכְמָהのחָ の[◌]はカメツという
母音記号で、それは普通「ア」と発音するが、[◌](シェワー)の前では[オ]と発音
する。[◌]は母音の後では子音だけを発音する。[ה◌]の発音は[ーア]。その前に
מ[m]がついて[ーマふホ]と発音し、その意味は「知恵」である。לִשְׁלֹמֹהの最初
のלִは接頭前置詞で、原形はלְ[れ]で、その意味は「〜へ」である。その文字の下の
シェワー[◌]は、ほかのシェワーの前では、ヒレク[◌]になり、[イ]と発音し、לִ
の発音は[リ]。その後のシェワーは無音になる。לやמの左上の[◌]は(ホレム)と
いって[オ]の音。したがって מ は[モ]であるが、その後にהがあるので[ーモ]とな
る。

与格的副詞句 + 目的語 + 述語動詞 + 主語			[第4文型]
述部			主部
לִשְׁלֹמֹה׃	חָכְמָה	נָתַן	וַיהוָה
[ーモろシュリ]	[ーマふホ]	[ンたナ]	[ィナどァ]
にンモロソ	を恵知	たえ与	は主
[与格的副詞句]	[目的語]	[述語動詞]	[主語]

[訳]主はソロモンに知恵を与えた。([参考] I 列王記5:26)
(**The Lord gave wisdom to Solomon.**)

§7-2 第4文型の学び

§7-1の例文の語順は次のとおりである。

	S	+	Pv	+	O	+	Dap
	[～は]		[～する]		[～を]		[～に]
	[主は]	+	[与える]	+	[知恵を]	+	[ソロモンに]
	【主語】	+	【述語動詞】	+	【目的語】	+	【与格的副詞句】

S：Subject(主語) Pv：Predicative verb(述語動詞) Dap：Dative adverbial phrase (与格的副詞句)

[注意]ヘブライ語は、基本的には述語動詞が主語の前にくる。主語を強調するばあいは、主語が述語動詞の前にでる。たとえば、§6-1の見出しの文は主語を強調しているので、あえてその感じを出すとすれば、「ソロモンに知恵を与えたのは主である」(**It is the Lord that gave wisdom to Solomon.**)となる。

Dap(与格的副詞句「誰々に」)が代名詞になると、それは目的語の前にくる。

יְהוָה נָתַן לוֹ חָכְמָה׃　(主は彼に知恵を与えた。)

では目的語と与格的副詞句とが両方とも代名詞のばあいはどうなるか。与格的副詞句が名詞のばあいと同じで、目的語の次にくる。

יְהוָה נָתַן אֹתָהּ לוֹ לְאִשָּׁה׃　(主は彼女を彼に妻として与えた。)

[注] אֹתָהּ(אֵת ～を＋הּ 彼女)；לְאִשָּׁה の לְ は「～として」の意。これは英語のばあいと同じである。　**The Lord gave her to him as a wife.**
The Lord gave him her as a wife. は不可。

英語では**to him** の**to**を省略して、**The Lord gave her him as a wife.** は可。**to him**の**to**を省いて **She gave it him.** も可である。

§7-3 次のヘブライ語を読んで意味をとりなさい。

主はソロモンに知恵を与えた。	יְהוָה נָתַן חָכְמָה לִשְׁלֹמֹה׃	(イ)
主はソロモンに一頭の馬（סוּס）を与えた。	יְהוָה נָתַן סוּס לִשְׁלֹמֹה׃	(ロ)
ダビデはソロモンに馬を与えた。	דָּוִד נָתַן סוּס לִשְׁלֹמֹה׃	(ハ)
ダビデは私に馬をくれた。	דָּוִד נָתַן לִי סוּס׃	(ニ)
ダビデは彼に手紙を送った。	דָּוִד שָׁלַח לוֹ סֵפֶר׃	(ホ)

§7-4 練習問題　次の5つの文を日本語に訳しましょう。

（練習問題の解答は巻末）

(1) יְהוָה נָתַן חָכְמָה לִשְׁלֹמֹה׃

(2) יְהוָה נָתַן תּוֹרָה לְמֹשֶׁה׃

(3) הָאִישׁ נָתַן לִי לֶחֶם׃

(4) דָּוִד שָׁלַח סוּס לִשְׁלֹמֹה׃

(5) אֱלֹהִים שָׁלַח לוֹ מַלְאָךְ׃

※単語は単語集参照

דָּוִד רָאָה אֹתוֹ צַדִּיק׃

[くˍィ**デ**ッツ　ー**と**オ　ー**ア**ラ　ど˳**ヴ**ダ]

ダビデは彼を正しいと見た。

§8-1

דָּוִד רָאָה אֹתוֹ צַדִּיק׃

[解説] דָּוִד ダビデ; רָאָה 彼は見た; צַדִּיק 正しい

(原典の順序): צַדִּיק　אֹתוֹ　רָאָה　דָּוִד

目的補語 + 目的語 + 述語動詞 + 主語	[第5文型]

述部			主部
צַדִּיק׃	אֹתוֹ	רָאָה	דָּוִד
[くˍィ**デ**ッツ]	[ー**と**オ]	[ー**ア**ラ]	[ど˳**ヴ**ダ]
いし正	を彼	た見	はデビダ
[目的補語]	[目的語]	[述語動詞]	＋　[主語]
CO ＋	**O** ＋	**V**	＋　**S**
目的補語 ＝ 目的語			

[訳]ダビデは彼を正しいと見た。

　第5文型は、その動詞が他動詞であり、その目的語の意味を補足説明する要素として、補語が付加される。例文では、目的語「彼」が何であるかを説明するのは、その補語「正しい」である。この補語はその目的語とイコールの関係にあるので、目的(格)補語(**Objective complement**)という。この目的語と目的補語との関係は、第2文型の主語と主語補語との関係に相当する。

(比較)

[第2文型]　【 主語 】＋【 述語動詞 】＋【 主語補語 】

　　　　　　S　　＋　　Pv　　＋　　Sc (=Subjective complement)
　　　　　　└─────＝─────┘

　　　　　　He　　＋　　is　　＋　　righteous. 「彼は(道徳的に)正しい。」

[第5文型]　【 主語 】＋【 述語動詞 】＋【 目的語 】＋【 目的補語 】

　　　　　　S　＋　　Pv　　＋　　O　　＋　Oc (=Objective complement)
　　　　　　　　　　　　　　　　└─＝─┘

　　　　　　I　　　　find　　　him　　　right.

「(私は自分の経験から)彼(の考え方)は正しい(ことが分かる)。」

§8-2　次のヘブライ語を英訳・和訳を参考にして読み、文法的に分析しなさい。

私はあなたを正しいと見た(思う)。　　　　רָאִ֫יתִי אֶתְךָ צַדִּיק׃ （イ）

(完了は文脈によって現在にも訳せる。)　としい正/ をたなあ /た見/ (は)私

　　　　　　　　　　　　　　　　C + O + V + S

私はあなたを悪い(人)と見た。　　　　רָאִ֫יתִי אֶתְךָ רָשָׁע׃ （ロ）

I saw you evil.

S + V + O + Oc

彼はあなたを悪い(人)と見た。　　　　רָאָה אֶתְךָ רָשָׁע׃ （ハ）

He saw you evil.

S + V + O + Oc

ダビデは彼を正しいと見た。　　　　דָּוִד רָאָה אֹתוֹ צַדִּיק׃ （ニ）

David saw him righteous.

S + V + O + Oc

私はダビデが彼の王座にすわっているのを見た。　רָאִ֫יתִי אֶת־דָּוִד יֹשֵׁב עַל־כִּסְאוֹ׃ （ホ）

I saw David sitting on his throne.

S + V + O + Oc

神は彼らを男と女とに創造された。　אֱלֹהִים בָּרָא אֹתָם זָכָר וּנְקֵבָה׃ （ヘ）

God created them male and female.

S + V + O + Oc

§8-3　練習問題　次の5つの文を日本語に訳しましょう。

(練習問題の解答は巻末)

(1) אֹתְךָ רָאִ֫יתִי צַדִּיק׃

(2) אַבְרָהָם רָאָה אֹתוֹ חָכָם׃

(3) אַהֲרֹן רָאָה אֹתוֹ טוֹב מְאֹד׃

(4) שְׁמוּאֵל רָאָה אֹתוֹ כֹּהֵן׃

(5) אֱלֹהִים קָרָא אֶת־שְׁמוֹ יִשְׂרָאֵל׃

אֹתְךָ	あなたを
אַהֲרֹן	(人名)アロン
כֹּהֵן	祭司
רָאִ֫יתִי	(私は)見た
קָרָא	呼ぶ
צַדִּיק	正しい
טוֹב	よい
אֶת־	～を
מְאֹד	非常に
שְׁמוֹ	彼の名前(וֹ彼の+שֵׁם名前)
אֹתוֹ	彼を(וֹ彼+אֶת～を)

רָאִ֫יתִי אֹתוֹ זֶה׃

名　詞

טוֹב הַמֶּ֫לֶךְ׃

[ふれメハ　　ヴート]
右から発音 ←

その王は善良である。

§9-1

טוֹב הַמֶּ֫לֶךְ׃

[解説] טוֹב 善良な ; הַמֶּ֫לֶךְ (מֶּ֫לֶךְ 王 + הַ その)その王

[訳]その王は善良である。(「善良なその王」ではない。)

　名詞と形容詞には、性と数がある。例文の名詞と形容詞は男性・単数であり、ここでは、AはBである(A=B)という関係で、BがAを述語的に修飾する。このばあいは修飾する形容詞が修飾される名詞の前にくるばあいが多い。そして修飾される名詞とそれを修飾する形容詞とは、性と数が一致する。

§9-2　名詞の性・数

	男　性		女　性	
単数	סוּס	馬(オス)	תּוֹרָה	律法
複数	סוּסִים	馬(**horses**)	תּוֹרוֹת	律法(**laws**)
双数	סוּסַ֫יִם	一対(2頭一組)の馬	תּוֹרָתַ֫יִם	一対(2つ一組)の律法

　主語が女性名詞であれば、それを修飾する形容詞も女性形になる。「その女王は善良である。」は טוֹבָה הַמַּלְכָּה׃ となる。主語が複数形になれば、それを修飾する形容詞も複数形になる。「その王たちは善良である。」は、הַמְּלָכִים טוֹבִים となる。　動詞も主語の性・数と一致するので、名詞の性・数を知ることはヘブライ語を解釈する上でたいせつである。

§9-3　性(Gender)

　ヘブライ語の名詞は、たいてい男性と女性のどちらかの文法的性(**Gender**)に属している。生きたもののばあいは、ふつう自然の性と一致する。מַלְכָּה(女王)、בַּת(娘)は女性で、מֶ֫לֶךְ(王)、בֵּן(息子)は男性である。その他の文法的性は単語の意味とはっきりした相関関係はない。דָּבָר(ことば)、הַר(山)は男性でגִּבְעָה(丘)、דַּ֫עַת(知識)は女性である。ה ⃝ (< מַלְכָּה 女王)とת ⃝ (< תִּפְאֶ֫רֶת 美)とת ⃝ (< דַּ֫עַת 知識)などの語尾で、ある程度女性名詞は見分けられる。これらの語尾でないものはたいてい男性であるが、次のような例外もある。אֶ֫בֶן(石)、עִיר(町)、אֶ֫רֶץ(地)は女性である。דֶּ֫רֶךְ(道)のような両性は数少ない。

§9-4 数(Number)

(1)ヘブライ語の数には単数と複数と双数(**Dual**)とがある。双数と複数には特別な
語尾がつくとともに語幹が変わるばあいが多い。双数はとくに身体の一対の器
官、2つに関連したもの、2年(שָׁנָה<שְׁנָתַיִם 年)や200(מֵאָה<מָאתַיִם 100)など
に用いる。

	単数	双数	複数		単数	双数	複数
手	יָד	יָדַיִם	יָדוֹת	息子	בֵּן		בָּנִים
日	יוֹם	יוֹמַיִם	יָמִים	娘	בַּת		בָּנוֹת

(2) 複数は語尾がつくだけでなく、語幹が変わるばあいが多い。

מֶלֶךְ(王)→複数מְלָכִים；אִישׁ([男の]人)→複数אֲנָשִׁים；יוֹם (日)→複数יָמִים
(複数語尾◌ִים ⇔ 双数語尾◌ַיִם)

(3)女性名詞複数語尾 וֹת–；男性名詞複数語尾◌ִים にたいして例外がある。

אָב (父)→複数אָבוֹת(女性形)；אִשָּׁה (女)→複数נָשִׁים (男性形)

§9-5 練習問題　次の５つの文を日本語に訳しましょう。

（練習問題の解答は巻末）

גָּדוֹל (複גְּדוֹלִים)大きい、偉大な

וְ, וַ そして(**and**)

חָכָם (複חֲכָמִים)賢い

מְלָכִים (מֶלֶךְ 王)の複数形

טוֹבִים (טוֹב 善良な)の複数形

(1) גָּדוֹל הַמֶּלֶךְ:

(2) טוֹבָה הָאִשָּׁה:

(3) הָאִישׁ גָּדוֹל וְטוֹב:

(4) הַמֶּלֶךְ חָכָם וְטוֹב:

(5) הַמְּלָכִים טוֹבִים:

学習メモ 15

〈 דָּבָר ことば 〉

旧約聖書のדָּבָר （ことば）は、預言者をとおしての神からの預言のことば、神の律法（詩篇
147:19以下）、さらに語ることによって存在を引き起こす創造的活動（創世記１章；詩篇
33:6-9；申命記8:3)を意味する。

右から書く←

טוֹב הַמֶּלֶךְ:

冠　詞

הַמֶּלֶךְ גָּדוֹל מְאֹד׃

[どオメ＿　　るーどガ　　ふれメハ]

その王は非常に偉大である。

§10-1

NOTES

הַמֶּלֶךְ גָּדוֹל מְאֹד׃

מְאֹד׃	גָּדוֹל	הַמֶּלֶךְ
[どオメ]	[るーどガ]	[ふれメハ]
に常非	な大偉	は王のそ

[訳]その王は非常に偉大である。

第2文型　【修飾語】＋【主語補語】＋【述語省略】＋【主語】

הַמֶּלֶךְ(その王)＝ מֶלֶךְ(王) ＋ הַ ⊙ (冠詞「その〜」)

§10-2　定冠詞の用法

　ヘブライ語の冠詞は子音字 ה とその下にパタハ(◌)がつき、その次に強ダゲシュ
(◌)がつく。要するに基本は הַ⊙である。しかし、状況によっていろいろな変
化をともなって接頭辞として用いられる。

　ヘブライ語の冠詞は元来、アラビヤ語の冠詞(al)（例：**algebra**「代数」のal）のよ
うに הַל であった可能性がある。この ל が次の子音に同化したために強ダゲシュ
(◌)が冠詞の後に用いられる理由と考えられる。

　冠詞をつけるものとして(1)特定なもの「その光」(創世記1:4)　(2)広く知られて
いるもの「地」(創世記1:1)、「太陽」(創世記32:32)　(3)呼びかけられる人「王よ」
(Ⅰサムエル記17:55) (4)不特定な人「ひとりの逃亡者」(創世記14:13)などがある。

※強ダケッシュと弱ダケッ
シュは、24課を参照。

学習メモ 16

〈 語呂合せ 〉

　主なる神がアダムのあばら骨から女性を造って彼のところに連れてこられた。そのとき、彼は
その女性を見て言った。

　「これを女と名づけよう。これは男から取られたのだから。」　(創世記2:23)

　アダムのことばを日本語だけで読むと、なぜ男から取られたから女と名づけるのか意味がわからない。

　ところが、ヘブライ語で男が אִישׁ [ュシーイ] で、女が אִשָּׁה [ーッシィイ] であることを知れば、
これが語呂合わせであることがわかるのである。

§10-3 定冠詞とその母音 （次の表は必要な時に参照）

次の子音字の前	母音記号	冠詞をつけた結果
喉音文字(ר ע ח ה א)以外の文字	הַ	הַמֶּלֶךְ (王)→מֶלֶךְ (その王)
弱ダゲシュ(　)が 強ダゲシュ(　)になる	הַ	הַבַּיִת (家)→בַּיִת (その家)
カメツ(　)とパタハ(　)以外の 母音のつく強い喉音文字 ה , ח	הַ	הַהֵיכָל (宮殿)→הֵיכָל (その宮殿) הַחֹשֶׁךְ (暗やみ)→חֹשֶׁךְ (その暗やみ) הַחֲלוֹם (夢)→חֲלוֹם (その夢)
弱い喉音文字 ר , ע , א	הָ	הָאוֹר (光)→אוֹר (その光) הָעַיִן (目)→עַיִן (その目) הָרֹאשׁ (頭)→רֹאשׁ (その頭)
冠詞+上段の母音→下段の母音 אֱ אֲ אֵ אֶ הֲ עֲ רֲ ↓ ↓ ↓ ↓ ↓ ↓ אֶ אָ אֵ אֶ הַ עַ רַ	הָ	הָאָרֶץ (地)→אֶרֶץ (その地) הָאַיִל, [休止形] הָאָיִל (雄羊)→אַיִל (その雄羊) הָהָר (山)→הַר (その山) הָעָם (民)→עַם (その民) הָרָע (悪人)→רַע (その悪人)
アクセントのない ע ,הָ 常時 חָ	הֶ	הֶהָרִים (山々)→הָרִים (その山々) הֶעָפָר (ちり)→עָפָר (そのちり) הֶחָכָם (賢人)→חָכָם (その賢人) הֶחָג (祭)→חָג (その祭) הֶחָיִל (能力)→[休止形] חָיִל (その能力)
冠詞をとると他と少し違って発音される単語	הַ	הַגָּן (庭)→גַּן (その庭)

[注]休止形とは、文を音読して区切るばあいに、そこにアクセントがあるため単語の発音が多少変化することである。たとえば創世記1:1の終わりは、אֶרֶץ(地)であるが、それが発音の上でאָרֶץになる。このような変化形を休止形という。

§10-4 練習問題　次の5つの文を日本語に訳しましょう。

（練習問題の解答は巻末）

בָּא （彼は）来た	אֶל־הָאָדָם その人に
אֶל־ ～へ	יָצַר （彼は）（形）造った
מִן־הַהֵיכָל その宮殿から	קָרָא （彼は）呼んだ
לָהֶם 彼らにとって	אִשָּׁה 女
חֹמָה （左右が）壁	נָתַן （彼は）与えた
אָדָם 人	
מִן־הֶעָפָר （その）ちりから	
חַוָּה エバ（最初の女性の名）	
אֶת־שְׁמָהּ 彼女の+名 שֵׁם （<שֵׁם）名	

[注] אַתָּה [―タッア] あなた（男性）は

(1) בָּא הַמֶּלֶךְ מִן־הַהֵיכָל׃

(2) הַמַּיִם לָהֶם חֹמָה׃

(3) יָצַר אֱלֹהִים אָדָם מִן־הֶעָפָר׃

(4) נָתַן אֱלֹהִים אִשָּׁה אֶל־הָאָדָם׃

(5) קָרָא הָאָדָם אֶת־שְׁמָהּ חַוָּה׃

§10-5　次の文を試読しましょう。

(出典)Ⅱサムエル記　[解答]Ⅱサムエル記12:7

אַתָּה הָאִישׁ׃

[ュシーイハ　　―タア] 右から発音←

前置詞

בָּא הַמֶּלֶךְ אֶל־הָעִיר בַּלַּיְלָה׃

[ーらイらバ　　　　ルーイハ　るエ　　　ふれメハ　　　ーバ]
<small>右から発音←</small>
その王はその夜にその町に来た。

§11-1
<small>NOTES</small>

בָּא הַמֶּלֶךְ אֶל־הָעִיר בַּלַּיְלָה׃

[解説] בַּלַּיְלָה (< לַיְלָה 夜 + ⊙ הַ その + בְּ ~に) その夜に
[訳] その王はその夜にその町に来た。

§11-2　前置詞の用法

　前置詞は他の語を目的語にとって副詞句や形容詞句をつくる。そのばあいにヘブライ語には3つの用法がある。

(1) 独立前置詞 לִפְנֵי הַמֶּלֶךְ その王の前に ; אַחַר הַמַּבּוּל その洪水の後に

(2) マケフ前置詞(マケフとは[‑]のこと) עַל־הָאֶבֶן その石の上に ; עַד־הַנָּהָר その川まで ; עַל־כֵּן それゆえ(創世記2:24)

(3) 接頭前置詞 בְּ ~において ; לְ ~へ ; כְּ ~のような、~として

　これは、たいてい子音字の前に有音シェワーとしてあらわれる。

בָּעִיר 町に ; כְּמֶלֶךְ 王のように ; לְנַעַר 青年にとって

§11-3　練習問題　次の5つの文を日本語に訳しましょう。

<small>(練習問題の解答は巻末)</small>

(2) הָלַךְ הַנַּעַר עַד־הַנָּהָר׃

(1) הַנָּבִיא לִפְנֵי הַמֶּלֶךְ׃

(4) הָלַךְ דָּוִד בֶּאֱמֶת׃

(3) הַבֵּן הוּא כְּמֶלֶךְ׃

(5) אֲנַחְנוּ בֵּאלֹהִים׃

(2) הַנַּעַר　その若者　(הַ+נַעַר)

(3) הוּא　(主語が3男単のばあい、それを強調する)まさに(~である)

(4) בֶּאֱמֶת　真実=אֱמֶת　真実+בְּ (<בְּ) ~に

(5) אֲנַחְנוּ　私たちは　　בֵּאלֹהִים　神のうちに　[参考] לֵאלֹהִים　神にたいして

§11-4　次の文を試読しましょう。(出典)申命記　[解答]申命記4:32

בָּרָא אֱלֹהִים | אָדָם עַל־הָאָרֶץ׃

[ッレアハ　るア　　ムだア　　ムーヒろエ　　ーラバ]
<small>右から発音←</small>

※上記和訳 [参考] עַל は前置詞で「~の上に」の意味 ; (|‾) はアクセントの一種。

〈 はじめに 〉

前置詞の בְּ [^] 「～において」を学んだ。これは英語の**in**に相当するものである。

実は旧約聖書の一番最初に次の形で出てくる。

בְּרֵאשִׁית [לְּ—シレ ^{ベ}] ← בְּ + רֵאשִׁית

「初めに」　　　　　　　　初め　　～において

「初めに、神は天と地とを創造した」（創世記1:1）の「初めに」である。

この「初めに」は永遠の初めではなく、この宇宙の初めのことである。

ヨハネの福音書の冒頭に「初めに、ことばがあった」（1:1）とあるが、その「初めに」も創世記1:1を念頭に置いて書かれたと思われる。それゆえ、「ことば（イエス・キリスト）は、天地創造の初めには、すでに限りない永遠の昔に存在しておられたと、解釈するのが自然である。

聖書検定ヘブライ語【初級】はここまでです。
次頁からは、
聖書検定ヘブライ語【上級 (中級を含む)】です。

検定試験の試験範囲について

「聖書検定ヘブライ語」公式テキストの範囲の中から出題されます。

【初級】の出題範囲は、第 1 課から第 11 課までです。

【上級 (中級を含む)】はさらにそれらをふまえて第 1 課から第 39 課までの中から出題されます。

巻末の聖書検定ヘブライ語【初級】の試験問題の見本、

聖書検定ヘブライ語【上級 (中級を含む)】の試験問題見本を参考にして下さい。

初級で基本的なことを学習したら、
上級 (中級を含む) にステップアップ！
そして、上級 (中級を含む) 試験にも
チャレンジして下さい！

ヘブライ君

聖書検定ヘブライ語
はじめての聖書のヘブライ語
【上級（中級を含む）】

形容詞

נִינְוֵה עִיר גְּדוֹלָה:

［ーらどゲ　　　　ルーイ　　ーₑウネ・ーニ］
ニネベは大きな町である。

§12-1

NOTES

נִינְוֵה עִיר גְּדוֹלָה:

[解説] נִינְוֵהのנְの下のタテ線はメテグといって、そこでいったん息を止めて、そこに第2アクセントがあり、その次のシェワーは有音になる。

גְּדוֹלָה:	עִיר	נִינְוֵה
［ーらどゲ］	［ルーイ］	［ーₑウネ・ーニ］
いき大	町	はベネニ

[訳]ニネベは大きな町である。(**Nineveh is a big city.**)

§12-2 形容詞の特徴

　形容詞は名詞と同じように男性・女性、単数・複数があるが、双数形はなく、複数形がその役割をする。形容詞の変化は名詞と同じである。形容詞は基本形の男性単数にהָ ○を加えると女性形になる。複数形は男性がִים ○、女性がֹות –である。ヘブライ語の形容詞は、それが修飾する名詞と性・数が一致する。

§12-3 形容詞の語形変化

	男　性	女　性
単数	טוֹב	טוֹבָה　(ה ○-)
複数	טוֹבִים　(ים ○)	טוֹבוֹת　(ֹות-)

§12-6 次の文を試読しましょう。(出典)ヨナ書　[解答]ヨナ書1:2

קוּם לֵךְ אֶל־ נִינְוֵה הָעִיר הַגְּדוֹלָה:

［ーらどゲハ　　　　ルーイハ　　　ーₑウネ・ーニ ₃エ　　　ふれ　　ムーく］

[上記和訳] [参考] קוּם [ムーく](命2男単)「立て」(< קָם)；לֵךְ[ふれ](命2男単)「行け」(< הָלַךְ)；　方向を表す前置詞אֶל־(〜へ)の目的語は都市名であり、その同格として形容詞によって限定的に修飾されている名詞(その大きな町 הָעִיר הַגְּדוֹלָה)がその後にある。

§12-4 形容詞の用法

(1)限定的用法(Attributive Use)

> 形容詞 ＋ 名詞

אִישׁ טוֹב	よい人
אֲנָשִׁים טוֹבִים	よい(男の)人々
אִשָּׁה טוֹבָה	よい(女の)人
נָשִׁים טוֹבוֹת	よい(女の)人々

> 形容詞 ＋ 冠詞 ＋ 名詞 ＋ 冠詞

הָאִישׁ הַטוֹב	そのよい人
הָאֲנָשִׁים הַטוֹבִים	そのよい(男の)人々
הָאִשָּׁה הַטוֹבָה	そのよい(女の)人
הַנָשִׁים הַטוֹבוֹת	そのよい(女の)人々

(2)述語的用法(Predicative use) 「何々は何々である」

(イ) 形容詞 ＝ 名詞 ＋ 冠詞　　A＝Bの関係

הָאִישׁ טוֹב׃	その人は善良である。
הָאֲנָשִׁים טוֹבִים׃	その人々は善良である。
הָאִשָּׁה טוֹבָה׃	その女の人は善良である。
הַנָשִׁים טוֹבוֹת׃	その（女の）人々は善良である。

(ロ) 名詞 ＋ 冠詞 ＝ 形容詞　　ヘブライ語としてはこの順序の方が多い。

טוֹב הָאִישׁ׃	その人は善良である。
טוֹבִים הָאֲנָשִׁים׃	その人々は善良である。
טוֹבָה הָאִשָּׁה׃	その女の人は善良である。
טוֹבוֹת הַנָשִׁים׃	その（女の）人々は善良である。

(3)名詞的用法(Substantive use)

形容詞 זָקֵן 「年老いた(old)」は「老人(an old man)」として、זְקֵנִים は「老人たち(old men)」として、זְקֵנָה は「老女（an old woman）」として、זְקֵנוֹת は「老女たち(old women)」として用いられる。

地名や民族名の形容詞の名詞転用としては、מִצְרִי （エジプトの)という形容詞が「エジプト人」として、יִשְׂרְאֵלִי は「イスラエルの」という形容詞が「イスラエル人」として用いられる。

（練習問題の解答は巻末）

§12-5 練習問題　次の５つの文を日本語に訳しましょう。

(1)　מֹשֶׁה אִישׁ טוֹב׃

(2)　דַל הָאִישׁ הַטוֹב׃

(3)　רָחֵל אִשָּׁה טוֹבָה׃

(4)　הוּא יִשְׂרְאֵלִי׃

(5)　הַמַּיִם קָרִים׃

דַל	貧しい
רָחֵל	(人名)ラケル(女性の名)
הוּא	彼は
מַיִם	(複数)水
קָרִים	冷たい(קַרの複数)

動詞（その働き）

כָּתַב דָּוִד סֵפֶר אֶל־יוֹאָב:

[ヴアヨ ᷅るエ　　ルェふセ　ディ**ウダ**　ヴた**カ**]

右から発音 ←

ダビデはヨアブあてに手紙を書いた。

§13-1

כָּתַב דָּוִד סֵפֶר אֶל־יוֹאָב:

[解説] כָּתַב (彼は)書いた； אֶל־(誰々あて)に； יוֹאָב(人名)ヨアブ

אֶל־יוֹאָב:	סֵפֶר	דָּוִד	כָּתַב
[ヴ**ア**ーヨ ᷅るエ]	[ルェふ**セ** ᷅]	[ディ**ウダ** ᷅]	[ヴ**た**カ]

右から発音 ←

ブアヨに(てあ)　　を紙手　　はデビダ　　たい書(は彼)

右から読む ←

Dap(4)　　　**O(3)**　　　**S(1)**　　　**V(2)**

[訳]ダビデはヨアブあてに手紙を書いた。(**David wrote a letter to Joab.**)

これは第4文型　**S＋V＋O＋Dap**（与格的副詞句）である。

§13-2 動詞の働き

　動詞(**verb**)は、文の中で主語を説明するとともに次の3つの働きがある。

(1)自動詞と他動詞の区別があり、「ダビデは休んだ。」(:דָּוִד שָׁבַת)の「休んだ」は目的語をとらないで意味が完成するので自動詞である。例文の כָּתַב (書いた)は「手紙」(סֵפֶר)という目的語をとるので、それは他動詞である。

(2)時相・人称・性・数・態があり、例文の動詞 כָּתַב は、主語が3人称・男性・単数であり、その時相は完了で、話態はカル態、別名パアル態である。

(3)動詞の活用(または変化)形には強動詞(規則変化動詞)と弱動詞(不規則変化動詞)とがある。例文の כָּתַב は強動詞で、規則的に変化する。

学習メモ 18

〈 創造する 〉

　ヘブライ語で「創造する」を意味する、בָּרָא (**bārâ′**)は創世記1:1に用いられているために創造を表現する語としては最もよく知られている。

　創造の本来の意味は無からの創造で、加工ではない。創造の一番よい例は、「神は『光あれ。』と仰られた。すると光ができた」（創世記1:3）という箇所である。神がことばを発することによって、ものを無から存在させること、それが創造である。

§13-3 動詞の相(Verbal aspect)

　ヘブライ語には、過去・現在・未来を表す時制がなくて、完了(ことが完了した
こと)と未完了(ことがまだ完了していないこと)しかない。初心者は、完了形は動
作が完了したとして過去の意味にとるか、過去のできごとの結果としての現在の
状態の意味にとればよい。未完了形は、動作が、まだ完了していない意味で、現
在か未来の意味にとればよい。

כָּתַב (書く)の完了形の活用 （強動詞）	
単数	複数
כָּתַב [ッた力]彼は書いた	כָּתְבוּ [―ヴて・力]彼(女)らは書いた
כָּתְבָה [―ァヴて・力]彼女は書いた	
כָּתַבְתָּ [タッた力]あなた(男性)は書いた	כְּתַבְתֶּם [ムテッたケ]あなたがた(男性)は書いた
כָּתַבְתְּ [トゥった力]あなた(女性)は書いた	כְּתַבְתֶּן [ンテッたケ]あなたがた(女性)は書いた
כָּתַבְתִּי [ィテッった力]私(両性)は書いた	כָּתַבְנוּ [―ヌった力]私たち(両性)は書いた

［注］(両性)は(男女共通)の意味。

§13-4 メテグ

　上記のכָּתַבの כָּ の左下のたて線はメテグ（מֶתֶג 抑制）といい、音読するば
あいは、そのしるしの右の母音に第2アクセントがあり、そこでいったんポーズ
(**Pause** 小休止)をおく。したがって、その後のシェワーは有音となる。
　本書ではメテグを日本語による発音表記ではその後の[・]で表す。
[例] כָּתְבוּ [―ヴて・力] (彼[女]らは)書いた

§13-5 練習問題　次の５つの文を日本語に訳しましょう。

（練習問題の解答は巻末）

(1) אֱלֹהִים שָׁבַת׃

(2) הָאִישׁ הָיָה מֶלֶךְ׃

(3) דָּוִד כָּתַב סֵפֶר׃

(4) אֲנִי כָּתַבְתִּי סֵפֶר אֶל־יוֹאָב׃

(5) שְׁמוּאֵל רָאָה אֹתוֹ טוֹב׃

שָׁבַת (彼は)休んだ　　　אֹתוֹ 彼を (וֹ 彼+אֵת ~を)

הוּא שָׁמַר תּוֹרָה:

[—ラート　ㇽマァシ　—フ]
彼は律法を守った。

§14-1

NOTES

* 1) ヘブライ語の冠詞は定冠詞 (the) だけで、英語の不定冠詞 (a,an) のようなものはない。英語で不定冠詞をつける所は無冠詞である。

הוּא שָׁמַר תּוֹרָה:

[解説] הוּא彼は；שָׁמַר (彼は)守った；תּוֹרָה律法
[訳]彼は律法を守った。(**He kept a law.**)[1]

§14-2 動詞の人称変化とその成り立ち

　ヘブライ語の動詞の基本形(辞典にのっている形)は、カル態完了3人称男性単数である。上記の動詞שָׁמַרは、כָּתַבと同じように基本形である。これが同じカル態完了3人称単数でも上記の主語をהִיא (彼女は)に代えれば、動詞はשָׁמְרָה[—ラメ・ㇵ シ]となる。

שָׁמַרְתָּ [タㇽマァシ] (あなた[男性]は守った)はשָׁמַר「(彼は)守った」という基本形とאַתָּה「あなた(男性)は」の一部から成っている。

שָׁמַר)＋(אַ) תָּ (ה) < שָׁמַרְתָּ)あなた[男]は守った

שָׁמַר)＋(אֲנַה)נו < שָׁמַרְנוּ)私たち[両]は守った

שָׁמַרְתִּי)(私は守った)がאֲנִי(私は)やאָנֹכִי(私)に基づいて、שָׁמַרְנִיやשָׁמַרְכִי(私は守った)とならないのは、2人称の完了形動詞：שָׁמַרְתָּ(男性)やשָׁמַרְתְּ(女性)からのあやまった類推（**False analogy**）によるものである。

§14-3 動詞の人称変化

שָׁמַר	彼は守った	שָׁמְרוּ	彼(女)らは守った
שָׁמְרָה	彼女は守った		
שָׁמַרְתָּ	あなた[男性]は守った	שְׁמַרְתֶּם	あなたがた[男性]は守った
שָׁמַרְתְּ	あなた[女性]は守った	שְׁמַרְתֶּן	あなたがた[女性]は守った
שָׁמַרְתִּי	私[両性]は守った	שָׁמַרְנוּ	私たち[両性]は守った

§14-4 練習問題　次の５つの文を日本語に訳しましょう。

（練習問題の解答は巻末）

(2) הִיא יָשְׁבָה שָׁם:

(4) שָׁמַרְתָּ תוֹרָה:

(1) הוּא שָׁבַת אֶתְמוֹל:

(3) מָכַרְתָּ סוּס:

(5) אֲנִי שָׁפַטְתִּי בְּצֶדֶק:

שָׁמַר	彼は守った
שָׁפַט	彼はさばいた
שָׁבַת	彼は休んだ
שָׁם	そこで
תוֹרָה	律法
צֶדֶק	義

מָכַר	彼は売った
יָשַׁב	彼は住んだ
אֶתְמוֹל	昨日(副詞)
סוּס	馬
בְּצֶדֶק	正しく(義をもって)

学習メモ 19

〈 אָדָם 〉

「神である主は、土（ אֲדָמָה [—マだア]右から発音←）のちりで人(אָדָם [ㇺだア]右から発音← 冠詞がついているから普通名詞)を形造り、その鼻にいのちの息を吹き込まれた。そこで、人は、生きものとなった。」(創世記2:7)

　旧約聖書で אָדָם [ㇺだア] 553回使用されているが、冠詞なしで固有名詞として使われている（創世記1:26など）ものと、冠詞つきで普通名詞として使われているものとがある。とにかく、どちらの אָדָם [ㇺだア] も אֲדָמָה [—マだア] (土) からつくられたからそう呼ばれるのであって、そこに語呂合わせがある。

完了 (Perfect)

כָּתַב מֹשֶׁה תּוֹרָה׃

[—ラート　　—ェシモ　　ッ**た**カ]
モーセは律法を書いた。

§15-1

כָּתַב מֹשֶׁה תּוֹרָה׃

[解説] כָּתַב (彼は)書いた；מֹשֶׁה [—ェシモ] (人名)モーセ
[訳]「モーセは律法を書いた。」(**Moses wrote a law.**)

§15-2 動詞の相(様態Aspect)

現代ヘブライ語は、過去・現在・未来をその動詞の形で区別できる。

過去	כָּתַב	彼は書いた。書いてしまった。(完了形)
現在	כּוֹתֵב	彼は書く。書いている。(分詞)
未来	יִכְתֹּב	彼は書くであろう。(未完了)

　これにたいして聖書のヘブライ語の動詞には過去・現在・未来の概念はない。その代わりに動詞によって１つの動作・出来事・状態をそれが完了しているか、まだ完了していないで継続中かの概念でとらえる。前者は動詞の完了形で、後者は未完了形で表現され、過去・現在・未来は副詞やその動詞が使用されている文脈で判断する。たとえば「わたしはこの地をあなたの子孫に与える[נָתַתִּי完了形]」(創世記15:18)とあり、それは、神がその時アブラハムにその子孫にその地を与えると約束したことである。

　完了と未完了は、過去・現在・未来のいずれの文脈にも用いられる。たとえば完了が過去の文脈で用いられれば過去完了、現在の文脈では現在完了、未来の文脈では未来完了の意味となり、未完了は過去の文脈では過去の継続であり、現在の文脈では現在の継続であり、未来の文脈では未来の継続の意味になる。

§15-3

複数		単数	
完了	主語	完了	主語
קָטְלוּ [ーる^テ・か] ←右から発音 殺した	הֵם [ムヘ] ←もから発音 彼らは	קָטַל [るタか] ←右から発音 殺した	הוּא [ーフ] ←右から発音 彼は
קָטְלוּ [ーる^テ・か] 殺した	הֵנָּה [ーナンヘ] 彼女らは	קָטְלָה [ーら^テ・か] 殺した	הִיא [ーヒ] 彼女は
קְטַלְתֶּם [ムテるタけ] 殺した	אַתֶּם [ムテッア] あなたがた(男性)は	קָטַלְתָּ [タるタか] 殺した	אַתָּה [ータッア] あなた(男性)は
קְטַלְתֶּן [ンテるタけ] 殺した	אַתֵּנָה [ーナテッア] あなたがた(女性)は	קָטַלְתְּ [トるタか] 殺した	אַתְּ [トア] あなた(女性)は
קָטַלְנוּ [ーヌるタか] 殺した	אֲנַחְנוּ [ーヌふナア] 私たち(両性)は	קָטַלְתִּי [ィテるタか] 殺した	אֲנִי [ーニア] 私は

§15-4 練習問題　次の5つの文を日本語に訳しましょう。　(練習問題の解答は巻末)
(ここでは完了は過去に訳す)

(1) כָּתַב הַכֹּהֵן סֵפֶר אֶל־הָאִישׁ:

(2) כָּתְבָה הָאִשָּׁה סֵפֶר אֶל־הַכֹּהֵן:

(3) אַתָּה כָּתַבְתָּ סֵפֶר אֶל־הַמֶּלֶךְ:

(4) אַתְּ כָּתַבְתְּ סֵפֶר אֶל־הַנָּבִיא:

(5) אֲנִי כָּתַבְתִּי סֵפֶר אֶל־הָאִשָּׁה:

אַתְּ	あなた(女性)は

第16課　未完了 (Imperfect)

יִכְתֹּב דָּוִד שִׁיר חָדָשׁ:

［ユ_シだは　　　ルーシ　　ドィ**ウ**ダ　ヴ**ト** ふイ］
ダビデは新しい歌を書くであろう。

§16-1

יִכְתֹּב דָּוִד שִׁיר חָדָשׁ:

[解説] יִכְתֹּב (彼は)書く (כָּתַב の未完了形)；שִׁיר 歌；חָדָשׁ 新しい

[訳]ダビデは新しい歌を書くであろう。(**David will write a new song.**)

§16-2 動詞の相(動詞が表す様態)

　未完了形は、文脈がないばあいは、動作がまだ完了していない、つまり継続中ということで、現在か未来に解すればよい。

כָּתַב (書く)の未完了形の活用 （強動詞）	
複数	単数
יִכְתְּבוּ [ー**ヴ**_テふイ] 右から発音 ← 彼らは書く	יִכְתֹּב [yiktób] [ゥ**ト**ふイ] 右から発音 ← 彼は書く
תִּכְתֹּבְנָה [ーナゥ**ト**ふィテ] 彼女らは書く	תִּכְתֹּב [ゥ**ト**ふィテ] 彼女は書く
תִּכְתְּבוּ [ー**ヴ**_テふィテ] あなたがた(男性)は書く	תִּכְתֹּב [ゥ**ト**ふィテ] あなた(男性)は書く
תִּכְתֹּבְנָה [ーナゥ**ト**ふィテ] あなたがた(女性)は書く	תִּכְתְּבִי [ー_ィ**ヴ**_テふィテ] あなた(女性)は書く
נִכְתֹּב [ゥ**ト**ふニ] 私たち(両性)は書く	אֶכְתֹּב [ゥ**ト**ふエ] 私(両性)は書く

[注] 強動詞とは規則的に活用する動詞であり、弱動詞とは不規則的に活用する動詞のことである。

NOTES

§16-3

複数		単数	
未完了	主語	未完了	主語
יִקְטְלוּ [ー るテくイ] 殺すであろう	הֵם [ムへ] 右から発音← 彼らは	יִקְטֹל [るトくイ] 殺すであろう	הוּא [ーフ] 右から発音← 彼は
תִּקְטֹלְנָה [ーナるトくィテ] 殺すであろう	הֵנָּה [ーナンへ] 彼女らは	תִּקְטֹל [るトくィテ] 殺すであろう	הִיא [ーヒ] 彼女は
תִּקְטְלוּ [ーるテくィテ] 殺すであろう	אַתֶּם [ムテッア] あなたがた(男性)は	תִּקְטֹל [るトくィテ] 殺すであろう	אַתָּה [ータッア] あなた(男性)は
תִּקְטֹלְנָה [ーナるトくィテ] 殺すであろう	אַתֵּנָה [ーナテッア] あなたがた(女性)は	תִּקְטְלִי [ーリテくィテ] 殺すであろう	אַתְּ [トア] あなた(女性)は
נִקְטֹל [るトくニ] 殺すであろう	אֲנַחְנוּ [ーヌふナア] 私たち(両性)は	אֶקְטֹל [るトくエ] 殺すであろう	אֲנִי [ーニァ] 私は

[注] קְטֹל（殺す）は、動詞の変化として便利なのでよく使用される。

§16-4　練習問題　次の5つの文を日本語に訳しましょう。
（練習問題の解答は巻末）

※動詞はכָּתַב（彼は書いた）の人称変化のみを用いた。

(1) יִכְתֹּב הָאִישׁ סֵפֶר אֶל־הַזָּקֵן:

(2) תִּכְתֹּב הָאִשָּׁה סֵפֶר אֶל־הַמֶּלֶךְ:

(3) אַתָּה תִּכְתֹּב סֵפֶר אֶל־הַכֹּהֵן:

(4) אַתְּ תִּכְתְּבִי סֵפֶר אֶל־הַנָּבִיא:

(5) אֲנִי אֶכְתֹּב סֵפֶר אֶל־הַנַּעַר:

右から書く←

יִכְתֹּב דָּוִד שִׁיר חָדָשׁ:

接続詞 וֹ [wāw]

מֹשֶׁה וְאַהֲרֹן אַחִים:

[ムーひア　　　　ンロハア エウ　　ェシモ]
モーセとアロンは兄弟である。

---

§17-1

מֹשֶׁה וְאַהֲרֹן אַחִים:

[解説] מֹשֶׁה [ーェシモ] (人名)モーセ；- וֹ [エゥ]接続詞～と～；אַהֲרֹן [ンロハア] (人名)アロン；אַחִים [ムーひア] (אָח [はア]「兄弟」の複数)兄弟たち

[訳]モーセとアロンは兄弟である。 (**Moses and Aaron are brothers.**)

§17-2 接続詞 וֹ の用法

　この接続詞 וֹ [ゥワ]は「そして、～と～」(**and**)、「しかし」(**but**)、「それゆえ (**therefore**)、「（前節を受けて）そうならば、その時」などを意味し、接頭辞として用いられる。

(1) - וְ [エゥ]は、最初の母音が有音シェワーでない文字につく。

וְאִישׁ～と人(**and a man**)；וְהָאִישׁ～とその人(**and the man**)；וְסוּס～と馬(**and a horse**)；וְלַסּוּס(לְ+הַ) ～とその馬へ(**and to the horse**)；וְיִכְתֹּב そして彼は書くであろう(**and he will write**)；וְדָבָר は דָּבָר (～とことば)になると וֹ の有音シェワー ◌ の後の弱ダゲシュは消える。

(2) - וּ [û]ワウ・シューレクは次のばあいにつく。

(イ)最初の母音が有音シェワーである単語（ וְ を除く）の前につく。

　　נְבִיאִים → וּנְבִיאִים ～と預言者たち(**and prophets**)

　　לְסוּס → וּלְסוּס そしてある馬にたいして(**and to a horse**)

[例外]最初の母音が有音シェワーであっても יְ は例外。 וּ がつかない例。

　　יְהוּדָה [ーだーフェイ]→ וִיהוּדָה [ーだーフィゥ]～とユダ(**and Judah**)

　　יְ+וֹ が約音して וִי [ーィゥ]となる。

(ロ)唇音の子音字(ב, מ, פ)の前につく。

　　מֶלֶךְ → וּמֶלֶךְ ～と王(**and a king**)

　　בֵּן→ וּבֵן ～と息子(**and a son**) [注] 母音 וֹ の後では弱ダゲシュは消える。

　　פַּרְעֹה → וּפַרְעֹה ～とファラオ(**and Pharaoh**)

(3) וְ は複合シェワーの中の左の短母音をとる。例えば、וְ は אֲ の前では、אֲ の左

の◌ֲをとってוַ となる。

עֲבָדִים→וַעֲבָדִים ～と召使たち; אֱדֹם→וֶאֱדֹם ～とエドム

אֳנִיָּה→וָאֳנִיָּה [ーヤーニォォウ] ～と船(ふね)［注］（ֳ）の前の（וָ）は[オ]の音。

[例外] אֱלֹהִים (神)は וֵאלֹהִים となる。[参考] לֵאלֹהִים（< לְ＋אֱלֹהִים）

(4)アクセントのある音節の前で、とくに対の単語をつなぐばあいוָ を使う。

לֶחֶם וָמָיִם パンと水　　תֹהוּ וָבֹהוּ 何もない(状態)

§17-3 練習問題　次の5つの文を日本語に訳しましょう。　（練習問題の解答は巻末）

(2) יֵשׁ לִי סוּס וְגָמָל׃

(1) שָׁלַח הָאִישׁ גָּמָל וְסוּס לָהֶם׃

(4) יֵשׁ לִי מַלְאָךְ וַעֲבָדִים׃

(3) קָטַל הַמֶּלֶךְ כֹּהֵן וּנְבִיאִים׃

(5) הָלַךְ הָאִישׁ אֶל־יְהוּדָה וֶאֱדֹם׃

שָׁלַח	(彼は)送った	גָּמָל	らくだ
לָהֶם	彼らに	יֵשׁ	[ュシェイ]～がある(主語は単・複数)
לִי	私に	קָטַל	(彼は)～を殺した
מַלְאָךְ	使者	עֲבָדִים	(< עֶבֶד しもべ)しもべたち
הָלַךְ	(彼は)行った	אֶל־	～へ
יְהוּדָה	(地名)ユダ	אֱדֹם	(地名)エドム

学習メモ 20

〈 御霊に教えられたことば 〉

「この賜物について話すには、人の知恵に教えられたことばを用いず、御霊に教えられたことばを用います。その御霊のことばを持って御霊のことを解くのです。」(Ⅰコリント2:13)

「御霊に教えられたことば」、ここに逐語霊感説の根拠がある。聖書は、その思想だけではなく、そのことばにいたるまで聖霊の御支配のうちにあるのである。これを霊感の程度とすれば、霊感の範囲は「聖書はすべて、神の霊感によるもの」（Ⅱテモテ3:16）という聖句に述べられている。新約聖書は旧約聖書の延長であるので、このことは新約にも適応されるのである。

右から書く ←

שִׁמְעוּ וְאִמְרוּ אֱמֶת׃

第18課　ワウ継続法

יִשְׁמֹר וְשָׁפַט:

[トァ**ふ**ァシエウ　ル**モ**ュシイ]

彼は守り、そしてさばくであろう。

---

§18-1
יִשְׁמֹר וְשָׁפַט:

[解説] יִשְׁמֹר は שָׁמַר (守る)の未完了形である。その次に接頭接続詞 וְ がついた完了形の שָׁפַט (さばく)がつづく。この2つの節は、ひとりの男性の行為を2つの動詞によって連続的に述べたものである。こういうばあい וְ の次の完了は未完了の意味に変わる。したがって、例文の意味は「彼は(あることを)守って、そして(ある人を)さばくであろう (**He will keep [something] and [he will] judge [someone].**)。」となる。これはヘブライ語独特の用法で、注目すべきである。

[訳] 彼は守り、そしてさばくであろう。

§18-2　ワウ継続法とは何か

　聖書ヘブライ語では、単語の先頭にその一部のようにつくことばとしての接続詞(וְ)[ゥ**ワ**] (英語の**and**に相当する)がつくと、それが特別な働きをすることがある。これは複数の行為が連続するときに用いられる。

(1)ワウ継続法による完了(完了動詞の前に未完了動詞が来る)

［例］　　　　וְשָׁפַט:　　　　יִשְׁמַע

　　　　たいばさは彼てしそ　　く聞は彼

　　　　　（完了）　　　　　（未完了）
　　　　　　　　↓
　　　　くばさは彼てしそ

[訳]彼は聞いてさばくであろう。(**He will hear and (he will) judge.**)　(未完了)

(2)ワウ継続法による未完了(未完了動詞の前に完了動詞が来る)

［類例の比較］

(イ)		(ロ)	
וְיִשְׁמֹר:	שָׁמַע	וַיִּשְׁמֹר:	שָׁמַע
る守は彼てしそ	たい聞は彼	る守は彼てしそ	たい聞は彼
（未完了）	（完了）	（未完了）	（完了）
		↓	
		たっ守は彼てしそ	
		（完了）	

(イ) これは普通の未完了で、継続法による未完了ではないので、完了の意味にはならない。

[訳] 彼は聞いた。そして守るであろう。

(ロ) これは(ワウ＋パタハ＋強ダゲシュ)による継続法の未完了なので、完了の意味になる。［注］未完了は、短縮形があるものは、それを用いる。

[訳] 彼は聞いて守った。

[未完了のワウ継続法の作り方]

　前出の יִשְׁמַע וְיִשְׁמֹר の וְיִשְׁמֹר をワウ継続法にするには יִשְׁמֹר の前に וְ でなく וַ [ワ]とその下に母音記号 ◌ [パタハ]をつけ、さらに未完了形のしるしである接頭辞(**Preformative**) 右から発音← ◌ [ド—ヨ]をつけ、その中に文字の重複を表す強ダゲシュ ◌ をつけるのである(-תּ のばあいは弱ダゲシュが強ダゲシュに変わる)。

　その結果、שְׁמַע וַיִּשְׁמֹר となる。そうするとその意味は、「彼は聞いてそして守った（**He has heard and [he has] kept.**）。」となる。

比較

┌ 強動詞 וְיִשְׁמֹר [ルモゥシイェゥ]接続詞＋未完了(< שָׁמַר 守る)＝時制は未完了
├ 強動詞 וַיִּשְׁמֹר [ルモゥシイィワ](そして彼は守った)ワウ継続法による未完了＝完了
├ 弱動詞 וְיֹאמַר [ルマヨェゥ]接続詞＋未完了(< אָמַר 言う)＝時制は未完了
└ 弱動詞 וַיֹּאמֶר [ルメヨィワ] (そして彼は言った)ワウ継続法による未完了＝完了　弱動詞のワウ継続未完了形の語尾から2番目の音節(**Pretonic**)が開音節(母音で終わる音節)であれば、アクセントはこれに移り、וַיֹּאמֶר と(**wayyô'mer**)となる。

§18-3 ワウ継続法関連事項

(1) ヘブライ語の過去は、ワウ継続法による未完了によることが多い。

(2) 完了はワウ継続未完了と、また未完了はワウ継続完了と、それぞれ内容は同じである。

(3) ワウ継続法完了の וְ の母音変化は接続詞のばあいと同じ(וּמָשַׁל ; וְשָׁמַר)である。

(4) ワウ継続法未完了の וַ の母音変化は וָאֶקְטֹל ; וַתִּקְטֹל ; וַיִּקְטֹל (ダゲシュが打てない分パタハがカメツになる)

(5)完了形(1・2男単)に継続のワウがつけられるばあいは שָׁמַרְתָּ (あなたは守った) → וְשָׁמַרְתָּ (そしてあなたは守るであろう)のようにアクセントは後ろの音節に移る傾向がある。ところが弱動詞の未完了形に継続のワウがつけられると、וַיֹּאמֶר (◌ 彼は言うであろう[休止形 יֹאמֵר < אָמַר]) → וַיֹּאמֶר (彼は言った)のようにアクセントは前の音節に移る傾向がある。

[注]休止形とは、大きな区切りとなる所では、多少力を入れて発音するので、母音に変化が起こるばあいがある。このように変化した形を休止形または停止形という。

　[例] אֶרֶץ → אָרֶץ (創世記1:1の終わり)

∿ §18-4 練習問題　次の5つの文を日本語に訳しましょう。 ∿

（練習問題の解答は巻末）

(2) יִשְׁפֹּט הַמֶּלֶךְ וּמָשָׁל׃

(1) יִשְׁפֹּט שְׁמוּאֵל וְשָׁמַר תּוֹרָה׃

(4) שָׁפַט הָאִישׁ וַיִּשְׁמֹר שַׁבָּת׃

(3) תִּשְׁפְּטוּ וַאֲמַרְתֶּם׃

(5) כָּתַב הַכֹּהֵן וַיֹּאמֶר׃

※単語集・変化表参照

右から書く←

יִשְׁמֹר וְשָׁפַט׃

《 聖書の句 》

בְּרֵאשִׁית בָּרָא אֱלֹהִים

ム—ヒろエ　　　—ラバ　　　と—シレべ]

אֵת הַשָּׁמַיִם וְאֵת הָאָרֶץ:

[ッレアハ　　とエェゥ　　ムイマァシッハ　　とエ

はじめに神は諸天と地とを創造された。(創世記 1:1)

§19-1 創世記1章1節

בְּרֵאשִׁית בָּרָא אֱלֹהִים
אֵת הַשָּׁמַיִם וְאֵת הָאָרֶץ:

[解説]　[朗読の仕方]

אֱלֹהִים　　בָּרָא　　בְּרֵאשִׁית

‖ム—ヒろエ—　　　—ラバ　　│と—シレべ

神(複数)　(彼は)創造した　　はじめに

【動詞＝3人称男性単数】

וְאֵת הָאָרֶץ:　　הַשָּׁמַיִם　　אֵת

‖ッレアハ—とエェゥ　　│ムイマァシッハ—　　と—エ

その地(単数)をと　　その天(複数)　　　を

[注] 単音節の単語は、そこにアクセントがあるのでアクセントのしるしをつけな
いのがふつうである。しかしここでは念のためつけてある。

§19-2　はじめに（神は･･･）

בְּרֵאשִׁית

[解説]「はじめに」בְּרֵאשִׁית
右から発音 ←
[ₜーシ レベ]

わくの中のことばは２つの単語が合わさってできた合成語で、創世記1章1節の最初のことば「はじめに」である。これは創世記のヘブライ語の書名にもなっている。

בְּのבはバ(**ba**)行の**b**の音で、音写は**b**で表す。その下の(◌ְ)は母音記号で弱く[ｴ]と発音する。したがって、בְּは[ベ(**b**^{e})]。רֵのרはラ(**ra**)行の**r**の音で、音写は(**r**)。その下の(◌ֵ)は少し長めに[エ]と発音し、音写は(**ē**)。אはここでは発音しない。音写では(ʼ)で表す。שִׁיのשׁはシャ(**sha**)行の**sh**の音で音写は(**š**)。それについている(◌ִי)は[ーイ]の音で、音写は(**î**)。**î** の (ˆ)は**ē**の(ˉ)より長い。שִׁの下の斜めの線は分離アクセント符の一つで、そこにアクセントをおくと共にそのアクセントのある単語をその次の単語と切り離して発音する。תは**th**の音で、音写は(**ṯ**)。

上記に基づいて בְּרֵאשִׁית の発音は[ₜーシ レベ]（右から発音 ←）となる。これはヘブライ語を仮名で表記したものである。ヘブライ語は、たいてい最後の音節にアクセントがある。ここでも[ーシ]（右から発音 ←）にアクセントがある。-בְּは接頭前置詞でその意味は「～に（おいて）」である。רֵאשִׁיתは「はじめ」という意味の名詞で、その前に-בְּがついて合成語として「はじめに」を意味する副詞句となる。

§19-3　学習メモ

NOTES

学習メモ21

〈はじめに〉

「はじめに」בְּרֵאשִׁיתは、時間のはじまりを表す。なにをするにもまず必要なのは時間である。それゆえ神による時間の創造は、「はじめに」ということばの中に、天地創造の文脈で含まれている。神はそれまでなかった時間を設定した、すなわち創造した。そしてその時間の最初の部分を用いて天と地とを創造された。それが言い換えれば、「はじめに神は天と地とを創造された」（創世記1:1）のである。

§19-4　(はじめに)神は創造した

NOTES

בָּרָא אֱלֹהִים

[解説]「(彼[神]は)創造した」　בָּרָא
[ーラバ]
右から発音←

בָּのבの下の(ָ)はやや長めに[ア**ā**]と発音し、בは[バ]である。רָのרは[ラ]で
あるが、無音のאは直前の文字の母音を長くするので、רָאは[ーラ]となる。さら
に(ָ)の左わきにある(֧)は結合アクセント符で、そこにアクセントをおくとと
もに次の単語につづけて発音する。これは動詞で「(彼は)創造した」を意味す
る。この動詞の形は完了で、動作が完了したことを表し、文脈から時は過去であ
る。ヘブライ語はたいてい主語の前に動詞がくる。

(はじめに) 神は(創造した)　אֱלֹהִים
[ムーヒろエ]
右から発音←

אは子音字であり、無音にちかい気息的破裂音で、その下の母音記号だけを発
音すればよい。(ֱ)は弱く(エ)と発音する。לは英語の**lot** [ろト]「たくさん」の
「l」の音で、音写は(l)。[ֹ]は、やや長めに「オ」と発音する。לと[ֹ]で
[ろ]となる。הは英語の**h**の音。(ִ)は[ーイ]と発音する。(ִ)の左側にあ
る記号(֤)は分離アクセント符の1つで、この記号がついている単語は次につづ
く単語とのあいだに少し間をおいて発音する。םは英語の**m**の音で、音写は(m)。

אֱלֹהִים　　　בָּרָא
[ムーヒろエ]　　[ーラバ]
右から発音←
神は　　　　創造した

仮名表記もアルファベット表記も弱い母音は小さい文字で上方に、子音(ただ
し、気息記号['] [']は上方に)だけは小さい文字で下の方に記す。

§19-5　学習メモ

学習メモ 22

〈 父と子と聖霊なる神 〉

אֱלֹהִים(神)は、אֱלוֹהַּ [ₙアーろエ](神)の複数形で直訳すれば「神々」である。しかしその動
詞בָּרָא「(彼は)創造した」は単数形なので、その複数の神は父と子と聖霊なる神を表し、
単数の動詞は主語が3つの位格であるが、神という本質において1つであることを表
す。一方、神の複数形は威厳を表すという説があるが、もしそうであれば、動詞も複数形
であるはずである。しかしそうではなく、単数形であるのは前述の理由からである。בָּרָא
([彼は]創造した)は旧約聖書では神が主語の時のみ用いられ、無からの創造を意味する。神
は人を土から形造っても、土そのものが神の被造物であるので無からの創造とい
える(創世記2:7；1:27)。

§19-6 （はじめに神は）天を（そして地を創造した）

אֵת הַשָּׁמַיִם

[解説]

אֵת

右から発音 ←
[と エ]

音写による発音記号は左から読む 'ēt。אֵ の א はその下の母音記号[◌]だけを発音すればよい。[◌]は、やや長めに[エ ē]と発音する。その母音記号の左にある[◌]は結合アクセント符で、そこにアクセントがあり、次の単語につづけて発音する。ת は th の音で、音写は[t]。この単語は前置詞で、特定の名詞につき、日本語の助詞（テニヲハ）に当たり、「〜を」を意味し、その後の単語を強調する。אֵת は既出の אֶת־ よりもその後の単語をより強調する。

הַשָּׁמַיִם

右から発音 ←
[ムイマァシッハ]

הַ の ה は英語の h の音で、音写は[h]。その下の[◌]は短く[ア]と発音し、合わせて הַ は[ハ]である。これは定冠詞で英語の the に当たる。ここでの用法は、広く知られているものにつく例である。

שַּׁ の שׁ は子音字で英語の push の sh の音。שַּׁ の中の[◌]は強ダゲッシュといって、それがつくとその子音を2度重ねて発音する。שַּׁ は、שַׁ ＋ שָׁ(sh ＋ shā)である。שׁ の音写は[š]。

מַ の מ は、英語の m の音で、音写は[m]。したがって מַ は[マ]。מַ の左下にある斜線(◌)は分離アクセント符で、そこにアクセントをおき、その単語を次の単語と切り離して発音する。

יִ の י は、英語の y の音で、音写は[y]。その下の母音記号[◌]は[イ]の音。ם は前出のメムという文字 מ が単語の最後にくると、この形になる。したがってその発音は m の音。

הַ が冠詞で、שָׁמַיִם は外見は双数形であるが、実際には複数形として使用され、「諸天」を意味する。その単数形は שָׁמַי である。הַשָּׁמַיִם の英訳は the heavens である。אֵת הַשָּׁמַיִם で「（神は）諸天を（創造した）」となる。

§19-7　(天)と地を…

וְאֵ֥ת הָאָֽרֶץ׃

[解説]　וְאֵ֥ת
右から発音 ←
[とエ エウ]

וְの וְ は英語の**w**にあたる。したがって וְ　[ウェ**w**e]の音である。これは英語の**and**にあたる接続詞で、単語に接頭辞としてつく。וְאֵת は「そして何々を」という意味になる。

הָאָֽרֶץ
右から発音 ←
[ッレ アハ]

הָ は[ハ]で、冠詞である。אָ は[ア]で、[אָ]の左側にあるタテ線は分離アクセント符でスィルークという。その所に一番強いアクセントをおいて、そこで文が終わることを表す。したがってそれは一番大きい区切り(休止)となる。その単語の後にソフ・パスークという文の終わりを示す記号(׃)をつける。רֶ の下の[ֶ]は短い[エ]の音であり、רֶ は[レ]となる。

ץ は צ(ツァディ)の語末形でその発音および音写は[ṣ]である。

הָאָֽרֶץ「(その)地」は אֶרֶץ[ッレ エ](地)に冠詞 הָ がついたもの。אֶ が אָ に変わるのは אֶ が強調されるからである。[参照]§35-2

(まとめ): בְּרֵאשִׁית בָּרָא אֱלֹהִים אֵת הַשָּׁמַיִם וְאֵת הָאָֽרֶץ׃
右から発音 ←
[‖ ッレアハ と エ エウ| ムイ マァ シッ ハ と エ ‖ ムー ヒロ エ ー ラバ| ー シレ ベ]

[訳] はじめに神は諸天と地とを創造された。(創世記1:1)

§19-8　学習メモ

学習メモ 23

〈 3番目のもの 〉

הָאָֽרֶץ(その地)は、神がはじめに創造した時間と空間と物質の中の3番目のもので、時間と宇宙空間とにおかれた人のすみか(イザヤ書45:18)としての地球(חוּג הָאָֽרֶץ **the circle of the earth** イザヤ書40:22)である。

§19-9　練習問題　次のヘブライ語の文を読んで、それぞれの
　　　　　　　質問の答となる単語の記号を解答欄に記入しましょう。（練習問題の解答は巻末）

בְּרֵאשִׁית בָּרָא אֱלֹהִים אֵת הַשָּׁמַיִם וְאֵת הָאָרֶץ׃

　(ホ)　　　　　　　　　　　　(ニ)　　　　　　　　(ハ)　　　(ロ)　　　(イ)

(1)神が天と地とを創造したのはいつですか。

(2)はじめに天と地とを創造したのは誰ですか。

(3)はじめに神が天の次に創造したのは何ですか。

(4)はじめに神が地の前に創造したのは何ですか。

(5)はじめに神は天と地とをどうしたのですか。

（1）	（2）	（3）	（4）	（5）

§19-10　学習メモ

学習メモ24

〈 全宇宙の唯一の創造者 〉

　創世記1:1の記録は、聖書の神が全宇宙の唯一の創造者であることの宣言である。そ
れは、神が時間と空間と3つ目に地を構成する物質とをみことばによって創造したこと
であり(詩篇33:6；148:5)、状況設定の役割を果たしている。そしてその宇宙空間と
地球とは創世記1:3以下で神によって造られたもの(中身)の、いわば容器の働きをする
([参考] 出エジプト記20:11)。

第20課 独立形と合成形

זֶה דְּבַר הַנָּבִיא:

［—ィ ヴナハ　　ルァ ヴデ　　 ーゼ］
これはその預言者の言葉である。

---

§ 20-1

NOTES

זֶה דְּבַר הַנָּבִיא:

[解説] זֶה これは；דְּבַר ～の言葉(＜辞書形 דָּבָר 言葉)；הַנָּבִיא (הַ ⊙ + נָבִיא)
その預言者

[訳]これはその預言者の言葉である。

§ 20-2 合成形(Construct state)と独立形(Absolute state)

　ヘブライ語の名詞は合成形か独立形か、そのどちらかである。

(1)独立形は辞書にのっている基本形である。

(2)合成形はその後にくる独立形にたいして「～の何々」の意味になる。

　例文では הַנָּבִיא (その預言者)は独立形である。その独立形に前から依存する、
または結びつく合成形(דְּבַר)の意味は「～のその言葉」となる。つまり、合成形
は、それが依存する独立形を属格として受容するのである。

(3)合成形には冠詞はつかない。それが依存する独立形に冠詞がついていれば、合成形
の単語に冠詞がついているのと同じ意味になる。したがって例文の英訳は**This is the
word of the prophet.**になる。その**the**以下が合成連鎖体(Construct chain)にあたる。

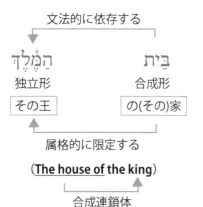

[独立形と合成形の比較]
「家」の独立形(辞書形)と合成形
独立形　בַּיִת
合成形　בֵּית

最後の名詞が合成連鎖体を決定する。

בֵּית מֶלֶךְ (不特定の)王 の(不特定の)家 (**a house of a king**)

בֵּית הַמֶּלֶךְ その王 のその家 (**the house of the king**)

בֵּית בֶּן־הַמֶּלֶךְ その王 のその息子 のその家 (**the house of the son of the king**)

(4)合成形は、それが依存する独立形の一部のように一気に発音するために、単語
によっては、発音だけ変化するものと、形態まで変化するものと、基本形そのま
まのもの([例] סוּס 雄馬)とがある。

66　第 20 課　独立形と合成形

§20-3 単数の合成形

(1) 発音だけ変化するもの

זֶה דְּבַר הַמֶּלֶךְ:

これはその王のことばである。

(This is the word of the king.)

［注］ דְּבַר (< דְּבַר דָּבָר)のדに弱ダゲシュがないのは、
その前の単語が母音で終わるからである[参照] §24-3の(3)。

(2) 発音と形態が変化するもの

זֹאת תּוֹרַת הַמֶּלֶךְ:

これはその王の律法である。

(This is the law of the king.)

［注］ תּוֹרַת < תּוֹרָה.

§20-4 複数の合成形

(1) אֵלֶּה דִּבְרֵי הַמֶּלֶךְ:

これらはその王の言葉である。

(These are the words of the king.)

［注］ אֵלֶּה (これら)は男女共通； דִּבְרֵי < דְּבָרִים < דָּבָר 言葉

(2) אֵלֶּה חוֹמוֹת הָעִיר:

これらはその町の城壁である。

(These are the walls of the city.)

［注］ חוֹמוֹת חוֹמָה (壁)の女複で、語尾 וֹת- は合成形でも変化しない。

(3) בָּאוּ מַלְכֵי כְּנַעַן:

カナンの王たちがきた。

(The kings of Canaan came.)

［注］ בָּאוּ (彼らは)来た； מַלְכֵי は、 מֶלֶךְ の複数形 מְלָכִים の合成形である。

§20-5 独立形と合成形との比較

	単・独	単・合	複・独	複・合	解説
馬（雄）	סוּס	סוּס	סוּסִים	סוּסֵי	規則的変化
馬（雌）	סוּסָה	סוּסַת	סוּסוֹת	סוּסוֹת	
息子	בֵּן	בֶּן	בָּנִים	בְּנֵי	不規則的変化
言葉	דָּבָר	דְּבַר	דְּבָרִים	דִּבְרֵי	

§20-6 合成形の名詞を修飾する形容詞

אֵי סוּסֵי הַמֶּלֶךְ הַטּוֹבִים:

その王のよい馬はどこにいるか。 (**Where are the good horses of the king?**)

[注] אֵי どこに(where〜?)；הַטּוֹבִים טוֹבִים (< טוֹב よい] + הַ [冠詞])
は סוּסֵי を修飾する形容詞。

§20-7 名詞の特定・不特定は合成連鎖体(Construct chain: 合成形＋独立形からなる連続体)の最後の名詞が決定する。

(1) יֵשׁ בֵּית מֶלֶךְ בָּעִיר:

その町に、ある王の家がある。

(**There is a house of a king in the city.**)

[注] בָּעִיר (< עִ [喉音]+הַ [冠詞]+בְּ 〜に) その町に יֵשׁ 〜がある

(2) בֵּית הַמֶּלֶךְ אֵצֶל הַנָּהָר:

その王の家はその川の近くにある。

(**The house of the king is near the river.**)

[注] אֵצֶל 〜 〜の近くに；הַנָּהָר נָהָר 川 הַ+冠詞) その川

(3) בֵּית־בֶּן־הַמֶּלֶךְ בַּשָּׂדֶה:

その王の息子の家はその野原にある。

(**The house of the son of the king is in the field.**)

[注] בַּשָּׂדֶה (שָׂדֶה 野原 + הַ 冠詞+בְּ 〜に) その野原に

§20-8 特定な名詞と不特定な名詞をつなぐばあいは合成連鎖体を用いないで前置詞 לְ を用いる。

(1) יֵשׁ בַּיִת לַמֶּ֫לֶךְ אֵ֫צֶל הַנָּהָר׃

その川の近くにその王の一軒の家がある。

(There is a house of the king near the river.)

[注] לַמֶּ֫לֶךְ = לְ 冠詞 הַ ⊙ 王 מֶּ֫לֶךְ) その王の〜

(2) הַדָּבָר לְנָבִיא יָקָר׃

ある預言者のそのことばは貴重である。

(The word of a prophet is precious.)

[注] יָקָר 貴重な

§20-9 合成形に依存される名詞の形容詞的用法

(3) יהוה אֱלֹהֵי חֶ֫סֶד׃

主はあわれみの神である。

(The Lord is merciful God [God of mercy].)

[注] חֶ֫סֶד あわれみ　　אֱלֹהֵי は אֱלֹהִים の合成形

§20-10 練習問題　次の5つの文を日本語に訳しましょう。

（練習問題の解答は巻末）

(1) זֹאת תּוֹרַת יהוה׃

(2) אֵ֫לֶּה דִּבְרֵי הַנָּבִיא׃

(3) אֵי סוּסֵי שָׁאוּל הַטּוֹבִים׃

(4) יֵשׁ בֵּית נָבִיא בָּעִיר׃

(5) בֵּית־נֹחַ אֵ֫צֶל הַנָּהָר׃

※単語は単語集参照

代名詞

《 聖書の句 》

אָנֹכִי יְהוָה אֱלֹהֶיךָ:

[はーへろエ　　ィナどア　　ーひノ・ア]

私はあなたの神、主である。(出エジプト記 20:2)

§21-1

אָנֹכִי יְהוָה אֱלֹהֶיךָ:

[解説] אֱלֹהֶיךָ [はーへろエ] あなたの神(ךָ あなた+אֱלֹה の神)

אֱלֹהֶיךָ:	יְהוָה	אָנֹכִי
[はーへろエ]	[ィナどア]	[ーひノ・ア]
神のたなあ	主	(るあで〜)は私

(主と神は同格)　[訳] 私はあなたの神、主である。　(出エジプト記20:2)

§21-2 人称代名詞 (主格独立形)

単数	複数
אֲנִי [ーニア]　אָנֹכִי [ーひノ・ア] 私は	אֲנַחְנוּ [ーヌ_ふナア] 私たちは
אַתָּה [ータ_ッア] あなた(男性)は)	אַתֶּם [ﾑテ_ッア] あなたがた(男性)は
אַתְּ [トア] あなた(女性)は	אַתֵּן [ﾝテ_ッア] あなたがた(女性)は
	אַתֵּנָה [ーナテ_ッア] あなたがた(女性)は
הוּא [ーフ] 彼は、それは	הֵמָּה [ーマ_ﾑヘ]　הֵם [ﾑヘ] 彼らは
הִיא [ーヒ] 彼女は、それは	הֵנָּה [ーナ_ﾝヘ]　הֵן [ﾝヘ] 彼女らは

הוּא נָבִיא צַדִּיק: 彼は義なる預言者である。 אֲנַחְנוּ אַחִים: 私たちは兄弟である。

אַתֶּם בָּעִיר הַגְּדוֹלָה: あなたがたはその大きな町にいる。 הִיא חֲכָמָה: 彼女は賢い。

§21-3 人称代名詞 (目的格独立形)

単数	複数
אֹתִי [ィてオ] 私を	אֹתָנוּ [ーヌたオ] 私たちを
אֹתְךָ [はとオ] あなた(男性)を	אֶתְכֶם [ﾑヘとエ] あなたがた(男性)を
אֹתָךְ [ふたオ] あなた(女性)を	אֶתְכֶן [ﾝヘとエ] あなたがた(女性)を
אֹתוֹ [とオ] 彼(それ)を	אֹתָם [ﾑたオ] 彼ら(それら)を
אֹתָהּ [ﾊたオ] 彼女(それ)を	אֹתָן [ﾝたオ] 彼女ら(それら)を

שָׁלַח הַמֶּלֶךְ אֶת־הַנָּבִיא: その王はその預言者をつかわした。 שָׁלַח הַמֶּלֶךְ אֹתוֹ: その王は彼をつかわした。

שָׁפַט הַמֶּלֶךְ אֹתְךָ: その王はあなたをさばいた。 רָאִיתִי אֹתוֹ: 私は彼を見た。

§21-4 主語と補語をつなぐ人称代名詞

3人称の הוּא、הִיא、הֵם、 הֵן は、主語と性が一致し、主語を強調し、「～である」の意味となる。1人称や2人称の代名詞の後にもくる。

מֹשֶׁה הוּא נָבִיא: モーセは預言者である。　הָאִשָּׁה הִיא טוֹבָה: その女の人は善良である。

אַתָּה־הוּא הָאֱלֹהִים: あなたこそ神である。(Ⅱサムエル記7:28)

דָּוִד וִיוֹנָתָן הֵם חֲבֵרִים(>חָבֵר): ダビデとヨナタンは友人である。

§21-5 名詞につく人称語尾(人称語尾は合成形につく。)

男性単数名詞	男性複数名詞
סוּס 馬(独立)	סוּסִים 馬(独立)
סוּס [スース] ～の馬(合成)	סוּסֵי ～の馬(horses-of)(合成) ◌ֵ -
סוּסִי [ーィスース] 私(両性)の馬 ◌ִי -	סוּסַי [ィサース] 私(両性)の馬 ◌ַ -
סוּסְךָ [はセース] あなた(男性)の馬 ◌ְךָ -	סוּסֶיךָ [はーセース] あなた(男性)の馬 ◌ֶיךָ -
סוּסֵךְ [ふセース] あなた(女性)の馬 ◌ֵךְ -	סוּסַיִךְ [ふイサース] あなた(女性)の馬 ◌ַיִךְ -
סוּסוֹ [ーソース] 彼の馬 ◌וֹ -	סוּסָיו [ゥサース] 彼の馬 ◌ָיו -
סוּסָהּ [ﾊサース] 彼女の馬 ◌ָהּ -	סוּסֶיהָ [ハーセース] 彼女の馬 ◌ֶיהָ -
סוּסֵנוּ [ーヌセース] 私たち(両性)の馬 ◌ֵנוּ -	סוּסֵינוּ [ーヌーセース] 私たち(両性)の馬 ◌ֵינוּ -
סוּסְכֶם [ﾑヘセース] あなたがた(男性)の馬 ◌ְכֶם -	סוּסֵיכֶם [ﾑヘーセース] あなたがた(男性)の馬 ◌ֵיכֶם -
סוּסְכֶן [ﾝヘセース] あなたがた(女性)の馬 ◌ְכֶן -	סוּסֵיכֶן [ﾝヘーセース] あなたがた(女性)の馬 ◌ֵיכֶן -
סוּסָם [ﾑサース] 彼らの馬 ◌ָם -	סוּסֵיהֶם [ﾑヘーセース] 彼らの馬 ◌ֵיהֶם -
סוּסָן [ﾝサース] 彼女たちの馬 ◌ָן -	סוּסֵיהֶן [ﾝヘーセース] 彼女たちの馬 ◌ֵיהֶן -

§21-6　人称語尾の前の語幹に ᵧ [ヨ—ヒ]をつける用例

単数		複数	
אָח	兄弟(独立)	אַחִים	兄弟たち(独立)
אֲח	〜の兄弟(合成)	אֲחֵי	〜の兄弟たち(合成)
אָחִי	私の兄弟	אַחַי	私の兄弟たち
אָחִיךָ	あなた(男性)の兄弟	אַחֶיךָ	あなた(男性)の兄弟たち
אָחִיךְ	あなた(女性)の兄弟	אַחַיִךְ	あなた(女性)の兄弟たち
אָחִיו	彼の兄弟	אֶחָיו	彼の兄弟たち
אָחִיהָ	彼女の兄弟	אַחֶיהָ	彼女の兄弟たち
אָחִינוּ	私たちの兄弟	אַחֵינוּ	私たちの兄弟たち
אֲחִיכֶם	あなたがた(男性)の兄弟	אֲחֵיכֶם	あなたがた(男性)の兄弟たち
אֲחִיכֶן	あなたがた(女性)の兄弟	אֲחֵיכֶן	あなたがた(女性)の兄弟たち
אֲחִיהֶם	彼らの兄弟	אֲחֵיהֶם	彼らの兄弟たち
אֲחִיהֶן	彼女らの兄弟	אֲחֵיהֶן	彼女らの兄弟たち

§21-7　女性名詞と人称語尾 (הָ は人称語尾をとる前に תָ になる)

女性単数名詞につくばあい		女性複数名詞につくばあい	
תּוֹרָה	律法(独立)	תּוֹרוֹת	律法(laws)
תּוֹרַת	〜の律法(合成)	תּוֹרוֹת	〜の律法(laws-of)(合成)
תּוֹרָתִי	私(両性)の律法	תּוֹרוֹתַי	私(両性)の律法
תּוֹרָתְךָ	あなた(男性)の律法	תּוֹרוֹתֶיךָ	あなた(男性)の律法
תּוֹרָתֵךְ	あなた(女性)の律法	תּוֹרוֹתַיִךְ	あなた(女性)の律法
תּוֹרָתוֹ	彼の律法	תּוֹרוֹתָיו	彼の律法
תּוֹרָתָהּ	彼女の律法	תּוֹרוֹתֶיהָ	彼女の律法
תּוֹרָתֵנוּ	私たち(両性)の律法	תּוֹרוֹתֵינוּ	私たち(両性)の律法
תּוֹרַתְכֶם	あなたがた(男性)の律法	תּוֹרוֹתֵיכֶם	あなたがた(男性)の律法
תּוֹרַתְכֶן	あなたがた(女性)の律法	תּוֹרוֹתֵיכֶן	あなたがた(女性)の律法
תּוֹרָתָם	彼らの律法	תּוֹרוֹתֵיהֶם	彼らの律法
תּוֹרָתָן	彼女たちの律法	תּוֹרוֹתֵיהֶן	彼女たちの律法

§21-8 前置詞につく人称語尾

(1) (A型) 前置詞 לְ (〜に)や עִם (〜と共に) [例] עִמָּךְ あなた(女性)と共に)など

לִי	私に	לָנוּ	私たちに
לְךָ	あなた(男性)に	לָכֶם	あなたがた(男性)に
לָךְ	あなた(女性)に	לָכֶן	あなたがた(女性)に
לוֹ	彼(それ)に	לָהֶם	彼らに
לָהּ	彼女(それ)に	לָהֶן	彼女らに

(2) (B型) 前置詞 עַל (〜の上に)や אֶל (〜へ)など

עָלַי	私の上に	עָלֵינוּ	私たちの上に
עָלֶיךָ	あなた(男性)の上に	עֲלֵיכֶם	あなたがた(男性)の上に
עָלַיִךְ	あなた(女性)の上に	עֲלֵיכֶן	あなたがた(女性)の上に
עָלָיו	彼の上に	עֲלֵיהֶם	彼らの上に
עָלֶיהָ	彼女の上に	עֲלֵיהֶן	彼女らの上に

§21-9 指示代名詞と指示形容詞

	単数		複数	
男性	זֶה	これは(この)	אֵלֶּה	これらは(これらの)
女性	זֹאת	これは(この)	אֵלֶּה	これらは(これらの)
男性	הוּא	あれは(あの)	הֵם, הֵמָּה	あれらは(あれらの)
女性	הִיא	あれは(あの)	הֵן, הֵנָּה	あれらは(あれらの)

[指示代名詞] זֶה הָאִישׁ הַטּוֹב: この方は例の善良なかたである。

[指示形容詞] זֶה + ⊙הַ +名詞 : הָאִישׁ הַזֶּה טוֹב: この人は善良である。

§21-10 練習問題　次の5つの文を日本語に訳しましょう。 （練習問題の解答は巻末）

(1) אָנֹכִי יהוה אֱלֹהֶיךָ:

(2) אֲנִי בַּבָּיִת:

(3) שְׁמוֹ עִמָּנוּ אֵל: (イザヤ書7:14c)

(4) הוּא זָכַר אֶת־סוּסֶךָ:

(5) הָאִישׁ הַזֶּה טוֹב:

※単語は単語集参照

§21-11 次の文を試読しましょう。 (出典)創世記 [解答]創世記45:4

אֲנִי יוֹסֵף אֲחִיכֶם:

右から発音 ←
[ム へ ひ ア　　ふ セ ヨ　　ー ニ ア]

関係詞

הָאִישׁ אֲשֶׁר בַּבַּיִת טוֹב׃

［ヴート 　 とイババ　　ルェ**シ**ア　　ュシーイ**ハ**←右から発音］
その家の中にいる (ところの) その人は善良である。

§ 22-1　NOTES

הָאִישׁ אֲשֶׁר בַּבַּיִת טוֹב׃

[解説] אֲשֶׁר [ルェ**シ**ア←右から発音]は関係詞で、その前の הָאִישׁ (その人)を受ける一種の代名詞(そして彼は)である。そして彼(אֲשֶׁר)がその家の中に(בַּבַּיִת)いるのである。この אֲשֶׁר のここでの役割は、אֲשֶׁר בַּבַּיִת(その家の中にいるところの)として אֲשֶׁר に先行するその人(הָאִישׁ)を形容詞節として修飾することである。それを英語で説明すれば、**The man** who is in the house となり、その人が טוֹב(善良な)なのである。

[図解]

[訳] その家の中にいる（ところの）その人は善良である。

(<u>**The man**</u> who is in the house is good.)

　　S　　　　　　+　　　V + C

　関係詞は、ヘブライ語では代名詞の働きばかりでなく、副詞や接続詞の働きもするので、特別なばあいを除いては関係詞と呼ぶ。

§ 22-2 関係詞 אֲשֶׁר の用法

(1)主語としての関係代名詞

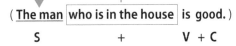

[訳]　その家の中にいるその人は賢い。אֲשֶׁר はその前の הָאִישׁ （その人)を受けて、(その人は)を意味し、その人がその家の中に(בַּבַּיִת)いるのであり、その人は、(どういう人であるかというと)賢いのである。

(2)関係詞とその反復的要素(Resumptive element)

(イ)関係代名詞の目的格

הָאִישׁ אֲשֶׁר שָׁלַח מֹשֶׁה אֹתוֹ שָׁמָּה יְהוֹשֻׁעַ: (a)

[訳]モーセがそこにつかわしたその人はヨシュアである。

　モーセがその人(関係代名詞אֲשֶׁר)を、さらに「彼を(אֹתוֹ)」で反復して、そこにつかわしたその人はヨシュアなのである。

　　(The man that Moses sent <u>him</u> there (= thither) is Joshua.) [ヘブライ語式]
　　　　　　　　　　　　　反復
　　(The man whom Moses sent there is Joshua.)　　[英語式]

הָאִישׁ אֲשֶׁר הַמֶּלֶךְ בָּחַר אֹתוֹ עָשִׁיר: (b)

[訳]その王が選んだその人は裕福である。

　その王がその人(関係代名詞אֲשֶׁר)を、さらに「彼を(אֹתוֹ<וֹ+אֵת<直接目的語のしるし)」で反復して、選んだその人は裕福なのである。

　このヘブライ語を英語で直訳すれば

The man that the king chose him is wealthy.であり、この**him**にあたるאֹתוֹがヘブライ語独特の反復的要素で、英独仏と異なるところである。

(ロ)関係代名詞の所有格

הָאִישׁ אֲשֶׁר לָקַחְתִּי אֶת־סִפְרוֹ הַנָּבִיא:

[訳] 私がその人の書物を手に取ったその人はかの預言者である。

　　(The man that I took his book is the prophet.) [ヘブライ語式]

　　(The man whose book I took is the prophet.)　　[英語式]

(ハ)関係副詞

הַמָּקוֹם אֲשֶׁר יָשַׁב שָׁם רַע: (a)

[訳] 彼がそこに住んだその場所は悪い。

　　(The place that he dwelled there is bad.)　[ヘブライ語式]

　　(The place where he dwelled is bad.)　[英語式]

הָעִיר אֲשֶׁר בָּא מִשָּׁם יְרִיחוֹ: (b)

※「(ハ)関係副詞」は次ページに続きます。

※前ページの「(ハ)関係副詞」の続き

[訳] 彼がそこからきたその町はエリコである。

┌─ (**The city that he came from there is Jericho.**) ［ヘブライ語式］

└▶ (**The city from which (=whence) he came is Jericho.**) ［英語式］

(c) הָאִישׁ אֲשֶׁר נָתַתִּי לוֹ אֶת־הַזָּהָב דָּל:

[訳] 私がその人にその金（きん）を与えたその人は貧しい。

┌─ (**The man that I gave to him the gold is poor.**) ［ヘブライ語式］

└▶ (**The man to whom I gave the gold is poor.**) ［英語式］

(d) הָאָרֶץ אֲשֶׁר הָלַךְ שָׁמָּה בָּבֶל:

[訳] 彼がそこへ行ったその国はバビロニアである。

┌─ (**The land that he went there (=thither) is Babylonia.**) ［ヘブライ語式］

└▶ (**The land where (=whither) he went is Babylonia.**) ［英語式］

(3)反復のない関係詞

(イ)目的を表す関係接続詞

יָבֹא פֹּה אֲשֶׁר יִלְמַד:

[訳] 彼は学ぶためにここに来る。

(**He will come here so that he may learn.**) ［参考]申命記4:10

(ロ)時を表す関係副詞

הַיָּמִים אֲשֶׁר מָלַךְ שָׁנָה אֶחָת:

[訳] 彼が王であった期間は1年であった。

(**The days that (またはwhen) he reigned were one year.**)

וְהַיָּמִים אֲשֶׁר מָלַךְ שְׁלֹמֹה בִירוּשָׁלַם עַל־כָּל־יִשְׂרָאֵל אַרְבָּעִים שָׁנָה:

[訳]そしてソロモンがエルサレムで全イスラエルを治めた期間は40年であった。（Ⅰ列王記11:42)[注]（בִירוּשָׁלַם ←בְּ + יְרוּשָׁלַם）

(**And the days that Solomon reigned in Jerusalem over all Israel were forty years.**)

§22-3 関係詞-שֶׁ と-שַׁ

　-שֶׁ と-שַׁ は、両者とも関係詞であり、その用法は אֲשֶׁר に準じるが、それが
つくばあい、その次の文字に強ダゲシュがつく。

זֶה כַּרְמִי שֶׁלִּי: [訳]これは私自身のぶどう園です。

(**This is my own vineyard.** [逐語訳：**my vineyard which is to me**])

[参考] 雅歌1:6　[注] כַּרְמִי (< כֶּרֶם) 私のぶどう園

§22-4 前置詞がつく関係詞としての אֲשֶׁר

　כַּאֲשֶׁר (～するように)、יַעַן אֲשֶׁר (～だから) (創世記22:16)など。

שְׁנַיִם שְׁנַיִם בָּאוּ אֶל־נֹחַ אֶל־הַתֵּבָה זָכָר וּנְקֵבָה כַּאֲשֶׁר צִוָּה אֱלֹהִים אֶת־נֹחַ:

[注] צִוָּה (ピ完3男単<צָוָה 命じる)彼は命じた

[訳]「二つずつ(彼らは)箱船のノアのもとに雄と雌とが、神がノアに命じられたよう
に(神がノアに命じられたことをノアが実行できるように)来た。」(創世記7:9)

([逐語訳] **Two two came to Noah to the ark male and female as God had
commanded Noah.**)

§22-5　練習問題　次の５つの文を日本語に訳しましょう。

(練習問題の解答は巻末)

(1)のヒントは§22-2の(３)「反復のない関係詞」の(イ)

יָבֹא פֹּה אֲשֶׁר יָשָׁבְתָּ: (1)

(2)のヒントは§22-1

הָאִישׁ אֲשֶׁר בְּבַֽיִת צָעִיר: (2)

(3) のヒントは§22-1

הָאִישׁ אֲשֶׁר בְּעִיר עָשִׁיר: (3)

(4)のヒントは§22-2の(２)「関係詞とその反復的要素」の(ハ)の(a)

הַמָּקוֹם אֲשֶׁר יָשַׁב שָׁם טוֹב: (4)

(5) の答えは§22-2の(２)「関係詞とその反復的要素」の(ハ)の(d)

הָאָרֶץ אֲשֶׁר הָלַךְ שָׁמָּה בְּבֶל: (5)

※単語は単語集参照

右から書く ←

הָאִישׁ אֲשֶׁר בְּבַֽיִת טוֹב:

話　態

《 聖書の句 》

כֹּל פָּעַל יְהוָה לַמַּעֲנֵהוּ׃

[フーネ^アマ_ムら　　ェウ_ハヤ　るアパ　るコ]

神はご自分のみこころにそってすべてのことをなさる。（箴言 16:4）

§23-1

כֹּל פָּעַל יְהוָה לַמַּעֲנֵהוּ׃

[解説] פָּעַל (彼は)〜した、する(完了形は確実性を表すばあいは現在の意)；

לַמַּעֲנֵהוּ [フーネ^アマ_ムら] (הוּ 彼の+ מַעַן 目的+ הַ 冠詞+ לְ 前置詞)「彼
の目的にそって」 לְ の左下のたて線はメテグである。§13-4参照。

[訳] 神はご自分のみこころにそってすべてのことをなさる。

§23-2 動詞の語根(Root)と語幹(Stem)

　ヘブライ語の語根は3つか2つの子音字からなる。その語根が1つの単語として
機能するとき、それを語幹という。さて、ここで学ぶのは動詞の語幹である。ヘ
ブライ語の動詞には次のように7種類の語幹があり、動詞 פָּעַל [彼はした(**he has
done.**)]の7つの変化形が語幹であり、その変化が語幹の名称である。

名称		特徴
パアル	[פָּעַל]	接頭辞がない。カル(קַל 軽い)とも呼ばれる。
ニフアル	[נִפְעַל]	接頭辞はנで、その母音はヒレク(ִ)であり、 語幹母音はシェワー・パタハ(ְ / ַ)である。
ピエル	[פִּעֵל]	語幹母音はヒレク・ツェレ(ִ / ֵ)である。
プアル	[פֻּעַל]	語幹母音はキブツ・パタハ(ֻ / ַ)である。
ヒフイル	[הִפְעִיל]	接頭辞はהで、その母音はヒレク(ִ)であり、 語幹母音はシェワー・ヒレク・ヨド(ְ / ִ / י)である。
ホフアル	[הָפְעַל]	接頭辞はהで、その母音はカメツ・ハトフ(ָ オ)で 語幹母音はシェワー・パタハ(ְ / ַ)である。
ヒトパエル	[הִתְפַּעֵל]	接頭辞はהתで、その母音はヒレク・シェワー(ִ / ְ)であり、 語幹母音はパタハ・ツェレ(ַ / ֵ)である。

(1)ニフアル以下の動詞語幹は、すべてパアルから派生したものである。

(2)動詞語幹が意味するものは、動詞の行為の(イ)種類と(ロ)態とである。

(イ)
- （ⅰ）普通の行為　こわす（単純形）
- （ⅱ）強調される行為　ぶちこわす（強意形）
- （ⅲ）使役的行為　（人にことを)させる（使役系）

(ロ)
- （ⅰ）能動態パアル、ピエル、ヒフイル　（人を)招く(他動詞)
- （ⅱ）受動態ニフアル、プアル、ホフアル　（人に)招かれる
- （ⅲ）中間態(再帰)ヒトパエル「人をしかる」、「人にしかられる」のにたいして、「自分をしかる、または反省する」のように、行為を自分に及ぼすこと

(3)ニフアル以下の6つの派生した語幹は、語根פעלからなるפָּעַל形の変化形である。パアル形は形が簡単なので、カル(קַל「軽い」の意)形とも呼ばれる。

§23-3　7つの語幹の名称(完了3人称男性単数形で示す)

(1) | パアル | (פָּעַל「(彼は)した」) [基本能動語幹]

קָטַל(彼は)殺した；שָׁמַע(彼は)聞いた

[比較]　　פָּעַל＝○ֹ○ֹ○ַ　　（彼は)した

　　　　　　　קָטַל　　（彼は)殺した

　　　　　　　שָׁבַר　　（彼は)こわした

どの語幹もそのまま時相・人称・数・性を変化させることができる。たとえば完了3人称男性単数のパアル語幹であるכָּתַב「(彼は)書いた」は、その語幹のまま女性形כָּתְבָה[ーァヴて・ーカ]「(彼女は)書いた」になり、また未完了形יִכְתֹּב「(彼は)書くであろう」となる。

(2) | ニフアル | (נִפְעַל「(彼は)された」) [基本受動語幹]

נִקְטַל(彼は)殺された；נִשְׁמַע(彼は)聞かれた

[比較]　　נִפְעַל　＝　נִ○ֹ○ַ　（彼は)された

　　　　　完了形 נִקְטַל　　（彼は)殺された

　　　　　　　　→未完了形 יִקָּטֵל　（彼は）殺されるであろう

　　　　　　　　　נִשְׁמַע　　（彼は)聞かれた

　　　　　　　　　נִשְׁבַּר　　（それは)こわされた

NOTES

(3) ピエル (פִּעֵל 「(彼は)強烈にした」) [強意能動語幹]

קִטֵּל (彼は)ぶち殺した；שִׁבֵּר (彼は)ぶちこわした

[比較] פִּעֵל ＝ ◯⨀◯ (彼は)強烈にした

完了形 קִטֵּל (彼は)ぶち殺した

→未完了形 יְקַטֵּל （彼は）ぶち殺すであろう

שִׁבֵּר （彼は)ぶちこわした

פִּעֵל の2番目の語根に強ダゲシュが打てないのは ע が喉音文字だからである。そうでなければ強ダゲシュ（ ⨀ ）を打って、それを2度発音して意味を強める。

[例] קִטֵּל (< קִטְטֵל qittēl)

(4) プアル (פֻּעַל 「(彼は)強烈にされた」) [強意受動語幹]

קֻטַּל (彼は)ぶち殺された；שֻׁבַּר (それ[男性]は)ぶちこわされた

[比較] פֻּעַל ＝ ◯⨀◯ (彼は)強烈にされた

完了形〜にされた קֻטַּל (彼は)ぶち殺された

→未完了形 יְקֻטַּל （彼は）ぶち殺されるであろう

שֻׁבַּר （それは)ぶちこわされた

(5) ヒフイル (הִפְעִיל 「(彼は)誰々にするようにさせた」) [使役能動語幹]

[特徴] 語幹に接頭辞 הִ (ヘイ＋ヒレク)がつく。その次の文字(最初の語根)が閉音になり、語幹母音はシェワー・ヒレク・ヨッドである。閉音節とは子音で終わる音節(אַב, הֶם など)、一方、開音節とは母音[アイウエオ]で終わる音節(נְ, בְ など)。

גָּדַל (彼は)偉大であった(**he was great**)

完了形 הִגְדִּיל (彼は)誰々を偉大になるようにした [使役] (**he caused…to be great**)

(彼は)誰々を偉大にした [作為](**he made great**)

→未完了形 יַגְדִּיל (彼は)誰々を偉大になるようにさせるであろう

מָלַךְ (彼は)治めた(**he reigned**)

הִמְלִיךְ (彼は)誰々に治めさせた [使役] (**he caused…to reign**)

(彼は)誰々を王にした [作為](**he made…king**)

[比較]

הִפְעִיל ＝ ◯ִ◯ִ◯ ה (彼は)〜にさせた；〜を〜にした

右から書く ←

כָּל פָּעַל יְהוָה לַמַּעֲנֵהוּ׃

(6) ホフアル (הָפְעַל 「(彼は)するようにさせられた」) [使役受動語幹]

[特徴] 接頭辞הの母音はカメツ・ハトフであるからהの音は[ホ]である。ホフアル
は前出のヒフイルの受身形である。

הָגְדַּל (彼は)偉大にさせられた(**he was caused to be great.**)

偉大にされた(**he was made great.**)

הָמְלַךְ (彼は)治めさせられた(**he was caused to reign.**)

王にされた(**he was made king.**)

[比較]　הָפְעַל　=　　הָ ◯ ◌ ◯　(彼は)するようにさせられた

(彼は)するようにされた

הָגְדַּל　(彼は)偉大になるようにされた

(彼は)偉大にされた

הָמְלַךְ　(彼は)治めるようにされた

(彼は)王にされた

完了形　הָקְטַל　(彼は)殺すようにさせられた

→未完了形　יָקְטַל　(彼は)殺すようにさせられるであろう
右から発音←
[る タ く ヨ]

[断り]
ヘブライ語テキストの学
習によく קְטַל （殺す）
が用いられるのは、その
用語が活用上便利な用語
だからである。

(7) ヒトパエル (הִתְפַּעֵל 「(彼は)自分自身を強烈にした」) [強意再帰語幹]

[特徴]ヒトパエルはピエルの再帰・相互動作で接頭辞הִתがつく。1番目の語根に
はたいていパタハ(◌)がつく。2番目の語根には、強ダゲシュがつくはずだが、こ
の名称では、それが喉音(עֵ)で、そこに強ダゲシュが打てない。[例]

הִתְקַטֵּל　(彼は)自分自身をぶち殺した(壮絶な自殺をとげた)

→未完了形単3男 יִתְקַטֵּל

הִתְקַדֵּשׁ　(彼は)自分自身を徹底的に聖別した(<קָדַשׁ)

הִתְחַבֵּא　(彼は)自分自身をすっかり隠した(すっかりかくれた)(<חָבָא)

§23-4 練習問題　次の7つの文を日本語に訳しましょう。
(練習問題の解答は巻末)

(2) נִשְׁבַּר הַבָּיִת:　　　　　(1) פָּעַל יְהוָה כֹּל:

(4) שֻׁבַּר הַבָּיִת:　　　　　(3) שִׁבֵּר הָאִישׁ אֶת הַבָּיִת:

(6) הָמְלַךְ שְׁלֹמֹה עַל־יִשְׂרָאֵל:　　(5) הִמְלִיךְ דָּוִד אֶת־שְׁלֹמֹה עַל־יִשְׂרָאֵל:

(7) הִתְקַדֵּשׁ הַכֹּהֵן:

※単語は単語集参照

דָּוִד בָּנָה בֵּית לְנָבִיא צַדִּיק׃

[ィィデァツ　　　ーィヴナれ　　とィァヴ　ーナバ　どィウダ]
右から発音 ←

ダビデはひとりの義なる預言者のために 1 軒の家を建てた。

§24-1

דָּוִד בָּנָה בֵּית לְנָבִיא צַדִּיק׃

[解説] בָּנָה (彼は)建てた；בֵּית (< בַּיִת　　ב　の前は母音が先行するので[⊙]が消える。)家；לְ ～のために。

[訳] ダビデはひとりの義なる預言者のために1軒の家を建てた。

§24-2 ダゲシュとは何か

ヘブライ語のアルファベットの中には בּ のように同じ文字でもその中に点があるものとないものとがある。その点をダゲシュ(דָּגֵשׁ)といってシリア語で「突き通す」という意味である。このダゲシュには2種類あって、弱ダゲシュと強ダゲシュとである。

§24-3 弱ダゲシュ (Daghesh lene)

(1) 弱ダゲシュとそれがつく文字の発音

この弱ダゲシュは次の6つの文字につくことによってその発音を硬い音にする。つまり摩擦音を破裂音にするのである。

ב [v]→בּ [b] ；ג [gh]→גּ [g] ；ד [dh] thatのthの音→דּ [d] ；כ [k(x)] 音楽家バッハ(Bach)のchの音→כּ [k] ；פ [ph,f]→פּ [p] ；ת [th]thankのthの音→תּ [t]

(2) 弱ダゲシュがつく例

上記の6つの文字は、語頭にあったり、語の中で無音シェワーの後にあるばあいは弱ダゲシュがつく。

(イ) [語頭]

1. בֵּן 息子　2. גָּדוֹל 大きい　3. תּוֹרָה 律法

(ロ) [語中で無音シェワーの後]

1. מִדְבָּר 荒野　2. מִכְתָּב 書状

(3) 弱ダゲシュをとる文字の覚え方

弱ダゲシュがつく文字をまとめて בְּגַדְכְּפַת [bᵉghadhkᵉphath] 〔ベ・ガ・ど・ヶ・ふァ・と〕といって覚える習慣がある。これは弱ダゲシュの法則に即している。最初の בּ にはそれに先行する母音がないので בְּ となり、その下のシェワーは語頭なので有音である。2番目の ג は有音シェワー(母音と同じ)が先行しているので弱ダゲシュはとれない。その次の ד も前の ג の下の母音のパタハに先行されるので弱ダゲシュはとれない。4番目の כּ は、その前が無音のシェワーであるので弱ダゲシュがとれる。כּ の後の פ と ת はそれぞれに母音が先行しているので弱ダゲシュはとれない。

§24-4 強ダゲシュ（Daghesh Forte）

　強ダゲシュは喉音文字(עאהח)とרとを除くベガドケファトを含むすべての文字につく。強ダゲシュがつく文字は、同じ文字が重なっていることを意味する。重なる音は摩擦音でなく、つまり破裂音であるから、קִטֵּל(彼は〜ぶち殺した)は、קִטְ+טֵל＝kit+tél である。これはピエル形である。

　強ダゲシュは次の3つに分類される。

(1)補てん強ダゲシュ(Daghesh Forte Compensative)

　発音の関係で1つの文字が別な文字に吸収または同化される文字を補うために強ダゲシュをつける。נが吸収されることが多い。たとえば「そこから」(創世記2:10など)でשָׁם(そこ)＋מִן(〜から)→前置詞のמִןの母音のないנが前置詞の目的語としてのשָׁםのשׁに吸収されてמִשָּׁם[miš−š ám]となる。吸収されるנを補うために強ダゲシュ[⊙]がנを吸収する文字שׁの中につけられる。

(2)動詞の話態における強ダゲシュ

　ヘブライ語の動詞には「強意」の活用形があり、そこでは第2語根の文字が重複する。בָּקַשׁ「(彼は)求めた」のピエル(強調形)は、בִּקֵּשׁ(真剣に求める)である。

(3)音調強ダゲシュ

　より円滑に発音できるよう語中の文字が反復されることがある。　נָתְנָה לִי: 彼女は私にくれた。

§24-5 語中のダゲシュの強弱の見分け方

(1)無音シェワーの後は弱ダゲシュ מִדְבָּר[midbār] 荒野

(2)母音の後は強ダゲシュ סִפֵּר[sipper] (ピエル)宣言する(<סָפַר告げる)

§24-6 練習問題　次の5つの文を日本語に訳しましょう。

(練習問題の解答は巻末)

(1) הוא בָּנָה לִי בַיִת:

(2) דָּוִד נָתַן לָהֶם כֶּסֶף:

(3) הוא נָתַן לִי כֶּסֶף:

(4) יֵשׁ אִתּוֹ דְּבַר־יְהוָה:

(5) הָאָרֶץ הָיְתָה תֹהוּ וָבֹהוּ:

※単語は単語集参照

§24-7 学習メモ

学習メモ 25

〈 強動詞と弱動詞 〉

　ヘブライ語の動詞は強動詞と弱動詞とに分類される。強動詞は、語中で常に発音される文字からなっている。しかし弱動詞には少なくとも1つの弱い子音字がある。その弱い子音字とは喉音文字とרである。ときとして黙音になる文字や語根(動詞を形成する3つの文字)では表記されるが、変化の途中で消滅する文字を含む動詞のことである。たとえばקָבַץ(集める)、כָּתַב、קָטַלは強動詞であるが、שָׁמַע(聞く)、מָצָא(思い出す)、עָלָה(上がる)は弱動詞である。יָשַׁב(住む)やנָפַל(落ちる)のようにיとנも、それらが動詞の語根の最初の子音字であるとき弱い子音字とみなされるものや、קָם(辞書形קוּם起きる)のような2子音字やסָבַב(囲む)のように2番目の字が反復するものは弱動詞とされる。

右から書く←

命令法

שְׁמֹר אֶת־בְּרִיתִי:

[ィて　リベ　とエ　ルモエシ]
右から発音←
私の契約を守りなさい。

§25-1

שְׁמֹר אֶת־בְּרִיתִי:

[解説] שְׁמֹר(あなたは)守れ(カル3男単命)；בְּרִיתִי私の契約(<י◌私の+בְּרִית契約)
[訳] 私の契約を守りなさい。

§25-2 命令形(Imperative)の特徴

(1)命令形は2人称に限られる。

(2)カル形の命令形は未完了形から接頭辞(前つづり)を除いたものである。

[例] שָׁמַר (守る)→未完2男単תִּשְׁמֹר→(תִּ | שְׁמֹר)→命2男単שְׁמֹר

(3)第1音節のシェワーは有音である。

§25-3 強・弱動詞の活用

(1)強動詞קָטַל[[辞書形(殺す)]]の用例
קָטַל(殺す)→תִּקְטֹל(未完2単男)→(תִּ | קְטֹל)→ קְטֹל　(殺せ)

	未完了形		接頭辞除去		命令形
2男単	תִּקְטֹל	→	תִּ | קְטֹל	→	קְטֹל
2女単	תִּקְטְלִי	→	תִּ | קְטְלִי	→	קִטְלִי
2男複	תִּקְטְלוּ	→	תִּ | קְטְלוּ	→	קִטְלוּ
2女複	תִּקְטֹלְנָה	→	תִּ | קְטֹלְנָה	→	קְטֹלְנָה

תִּקְטְלִי(未完2女単)[リ テ ィ テ]の-קְטְ-のようにシェワー(◌)が中間でつづくと
右から発音←
き、前のシェワー(קְ)は、その前に母音(תִּ)があるので無音になり、その次のシェ
ワー(טְ)は有音になる。次にその接頭辞を除去すると、קְטְのようにシェワーが連
続し、前のシェワーがヒレク(קִ)になる。

(2)弱動詞עָמַד[辞書形(立つ)]の用例

עָמַד(立つ)→תַּעֲמֹד(未完2単男)→(תַּ|עֲמֹד)→עֲמֹד（立て）　弱動詞は弱い子音字の位置によって発音が異なる。

	I －喉音動詞 (ע)			II －喉音動詞 (ח)		
	未完了→命令(立て)			未完了→命令(選べ)		
2男単	עָמַד 立つ	תַּעֲמֹד	→ עֲמֹד	בָּחַר 選ぶ	תִּבְחַר	→ בְּחַר
2女単		תַּעֲמְדִי	→ עִמְדִי		תִּבְחֲרִי	→ בַּחֲרִי
2男複		תַּעֲמְדוּ	→ עִמְדוּ		תִּבְחֲרוּ	→ בַּחֲרוּ
2女複		תַּעֲמֹדְנָה	→ עֲמֹדְנָה		תִּבְחַרְנָה	→ בְּחַרְנָה

	III －喉音動詞(ח／ע)			I －נ型動詞		
	未完了→命令(送れ)			未完了→命令(落ちよ)		
2男単	שָׁלַח 送る	תִּשְׁלַח	→ שְׁלַח	נָפַל 落ちる	תִּפֹּל	→ נְפֹל
2女単		תִּשְׁלְחִי	→ שִׁלְחִי		תִּפְּלִי	→ נִפְלִי
2男複		תִּשְׁלְחוּ	→ שִׁלְחוּ		תִּפְּלוּ	→ נִפְלוּ
2女複		תִּשְׁלַחְנָה	→ שְׁלַחְנָה		תִּפֹּלְנָה	→ נְפֹלְנָה

完了נָפַל(落ちる)→未完了יִפֹּל(< יִנְפֹּל)

未完了のיִפֹּלは2人称では、יがתּに変わり、命令形でתּを除くと元のנが復活して上記のようになる。

(3)例文

(イ)	：כְּתֹב זֹאת	[強動詞]これを書け。(出エジプト記17:14)
(ロ)	：זְכֹר לְאַבְרָהָם	[注]לְ～(人)を　アブラハムを覚えてください。
(ハ)	：שְׁמַע יִשְׂרָאֵל	[弱動詞] 聞け、イスラエルよ。(申命記6:4)
(ニ)	：אַתָּה פֹה עֲמֹד עִמָּדִי	あなたは私と共にここに立て。(申命記5:31)
(ホ)	：בְּחַר־לָנוּ אֲנָשִׁים	私たちのために男たちを選べ。(出エジプト記17:9)
(ヘ)	：דְּעוּ כִּי־אָנֹכִי אֱלֹהִים	私が神であることを知れ。(詩篇46:11)

[注]דְּעוּ (יְדַע > תֵּדְעוּ)(あなたがたは)知りなさい；כִּי־(～である)ことを

§25-4 指示形(Jussive)

[解説]יִשְׁפֹּטはשָׁפַט裁く[辞書形]の未完了3男単

הַמֶּלֶךְ　　　　　יִשְׁפֹּט

その王はさばくであろう。

　[主語] ＋ [動詞]　[S+V]

この文には2つの意味がある。

　(1)その王はさばくであろう(**The king will judge.**)。

　(2)その王がさばくように(その王にさばかせよ **Let the king judge.**)。

(2)はその文を語る話者の願望である。どちらに解するかは、文脈によって判断する。後者は主語が3人称の命令で、指示形(**Jussive**)という。

　主語が2人称の指示形もある。

　אַתָּה תִּשְׁמֹר　あなたが守るように。(創世記17:9参照)

以上のように3人称と2人称の未完了形が話者の願望に用いられる。

§25-5 指示形の特徴

(1)指示形は主語が2・3人称の単・複数に起こる。

(2)一般に3人称の未完了形が文頭にあるときは、それは指示形である。

(3)未完了形で短縮形があるものは、短い形を用いる。

§25-6 指示形の例文

NOTES

(イ)　יְהוָה יִשְׁמָרְךָ מִכָּל־רָע: (<ךָ あなたを+שָׁמַר 守る)　[は ルモュシイ]　[注] יִשְׁמָרְךָ

主があらゆる災いからあなたを守ってくださるように。(詩篇121:7)

(ロ)　יְהִי אוֹר:　[注] יְהִי は יִהְיֶה の短縮形(<הָיָה ～はある)

光あれ。(創世記1:3)

§25-7 願望形(Cohortative)

נִשְׁמְרָה:

[解説]: נִשְׁמְרָה
[ー ラ メュシ ー]

[訳]　(1) 私たちは守るように。(**We may keep.**)

　　　(2) 私たちに守らせよ。(**Let us keep.**)

　(1)は1人称複数の願望であり、(2)は要請である。 נִשְׁמֹר 「(私たちは)守る」は普通
の未完了形である。最後の音節に הָ を付加して נִשְׁמְרָה にすると願望形となる。

§25-8 願望形(単純形)

(1)1人称の命令は願望形といい、願望や要請や命令を表す。願望形の単純形は1人
称の単数と複数の未完了形がそのまま用いられる。

(ロ) [複数]　נִשְׁמֹר:　　　　　　　(イ) [単数]　אֶשְׁמֹר:

私たちに守らせよ。　　　　　　　　私に守らせよ。

(2)願望形としての未完了形は文や節の最初にある。

[願望形]　(イ)　נַעֲשֶׂה אָדָם בְּצַלְמֵנוּ:

われわれのかたちに人を造ろう。(創世記1:26)

[注] נַעֲשֶׂה(願望形1複<עָשָׂה 「造る」) (われらは)造ろう；אָדָם 人；בְּצַלְמֵנוּ
(נוּ 私たちの+צֶלֶם<צֶלֶם かたち+בְּ ～に) 私たちのかたちに

[未完了形]　(ロ)　כֹּל אֲשֶׁר־דִּבֶּר יְהוָה נַעֲשֶׂה:

私たちは主が語られたことはすべて行います。(出エジプト記19:8)

[注] כֹּל אֲשֶׁר ～ところのすべて(**all that**…)；כֹּל が先行詞で、אֲשֶׁר が関係代名
詞で דִּבֶּר 「(彼が)語った」の目的語；יְהוָה [ィ ナ ど ア]主；נַעֲשֶׂה(未完1複<עָשָׂה)
(私たちは)行おう

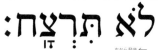

右から書く←
נִשְׁמֹר אֶת בְּרִיתִי:

§25-12 次の文を試読しましょう。(出典)出エジプト記　[解答]出エジプト記20:13

לֹא תִּרְצָח:

[は ア ツルィテ　　ー ろ]

[上記和訳] תִּרְצָח (カル未完了2男単<רָצַח 殺す)；לֹא は絶対的否定を表す。

§25-9 願望形 (接尾辞つき)

1人称の願望形の形は1人称単複の未完了形に（ ָה-）をつけたものである。

אֶקְטֹל （未完了）＝私は殺す(**I will kill.**)。

אֶקְטְלָה （願望形）＝私に殺させてくれ(**Let me kill.**)。

נִקְטְלָה + ָה →アֶקְטְלָה→אֶקְטֹל [ーら テくエ]にたいし、複数形は נִקְטְלָה

[用例]

（1） אֶשְׁמְרָה תוֹרָתְךָ תָּמִיד:

あなたの律法を私にいつも守らせてください。(詩篇119:44)

(注) אֶשְׁמְרָה (願望形1両単＜ שָׁמַר 守る)守らせよ；
תוֹרָתְךָ (ךָ あなた(男性)＋ תוֹרַת ～の律法(合成)＜ תוֹרָה 律法)あなたの律法；תָּמִיד いつも

（2） נִכְרְתָה בְרִית עִמָּךְ:

(私たちは)あなたと契約を結びたい。(創世記26:28)

(注) נִכְרְתָה (願望形1複＜ ָה + נִכְרֹת ＜ נִכְרֹת ＜ כָּרַת 結ぶ[切る]) (私たちは)結ぼう；בְּרִית 契約

（3） נֵלְכָה מִצְרַיְמָה:

私たちはエジプトへ行こう。

(注) נֵלְכָה (願望形1両複＜ ָה ＋ נֵלֵךְ ＜ [未完1両複] נֵלֵךְ ＜ יָלַךְ 行く)行こう；
מִצְרַיְמָה (ָה ～の方へ＋ מִצְרַיִם エジプト) エジプトへ

§25-10 命令・指示・願望形の否定

人称	相	否定形	規則動詞男性単数による用例	
2	命令形の否定	未完了＋ אַל	אַל תִּקְטֹל:	(あなたは)殺すな。
3	指示形の否定	未完了＋ אַל	אַל יִקְטֹל:	(彼に)殺させるな。
1	願望形の否定	未完了＋ אַל	אַל אֶקְטֹל:	(私に)殺させるな。
		אַל＋未完了～ ָה	אַל אֶקְטְלָה:	どうか(私に)殺させるな。

§25-11 練習問題　次の 6 つの文を日本語に訳しましょう。

(練習問題の解答は巻末)

(2) דְּעוּ כִּי־יְהוָה הוּא אֱלֹהִים: (詩篇100:3)

(1) כְּתֹב לוֹ:

(4) יְהִי רָקִיעַ: (創世記1:6)

(3) יִשְׁפֹּט יְהוָה אֶת־יִשְׂרָאֵל:

(6) נֵלְכָה הָעִירָה:

(5) תִּרְאוּ אֶת־מַעֲשֵׂה יְהוָה:

דְּעוּ (パ命男複＜ תֵּדְעוּ パ未完男複＜ יָדַע 知る)「あなたがたは知れ」

יִשְׁפֹּט (パ未3男単＜ שָׁפַט さばく)「(彼が)さばきますように」

תִּרְאוּ (パ未2男複＜ רָאָה 見る)「あなたがたは見るように」

מַעֲשֵׂה (男単合成形＜ מַעֲשֶׂה)わざ、行為

נֵלְכָה 私たちは行こう

[注] パはパアル (פָּעַל) の略で、意味は基本能動語幹である。§23-3参照。

הָעִירָה その町へ

不定詞(Infinitive)

שָׁמוֹעַ שָׁמַע:

[マャシ　　　アモャシ]

彼はほんとうに聞いた(聞いて聞いた)。

§26-1 不定詞の独立形(Infinitive absolute)

שָׁמוֹעַ שָׁמַע:

[解説]2番目のשָׁמַע[マャシ]「彼は聞いた」(辞書形)の不定詞の形がשָׁמוֹעַ
[アモャシ]「聞くこと」である。不定詞とは動詞が人称や数などに限定されない(不定)ことば(詞)である。不定詞には2種類あって、ここで学ぶのは、独立不定詞といい、それはこの例文では定動詞(文を構成している動詞)שָׁמַעの前にきて、その動詞を強調する働きをしている。

[訳] 彼はほんとうに聞いた(聞いて聞いた)。

§26-2 独立不定詞の作り方

規則動詞　קָטַל (殺す)　　　　　不規則動詞　שָׁמַע (聞く)

קָטַל→ [◌ַ◌ִ◌] [独立形]→ קָטוֹל　　שָׁמַע→[◌ַ◌ִ◌ 独立形]→שָׁמוֹעַ

第三語根の喉音文字(ע, ח, ה)には不定詞では潜入パタハがつく。[参]§31-5

§26-3 独立不定詞の用法

(1)動詞の前にくるばあいは、その動詞を強調する。「たしかに、ほんとうに、必ず」などの訳があてられる。

彼は（守りに守った→）たしかに守った。 שָׁמוֹר שָׁמַר: (イ)

あなたがたは私の律法を必ず守る。 שָׁמוֹר תִּשְׁמְרוּ אֶת־תּוֹרָתִי: (ロ)

バビロニアの王は必ず来る。(エレミヤ書36:29): בֹא־יָבוֹא מֶלֶךְ־בָּבֶל (ハ)

בֹּאは בּוֹא「来る」の独立不定詞でיָבוֹאを強調する。

私はたしかに言った。（Ⅰサムエル記2:30） אָמוֹר אָמַרְתִּי: (ニ)

(2)動詞の後にくるばあいは、その動詞の継続を表す。

彼は（守ってさらに守った）守りつづけた。 שָׁמַר שָׁמוֹר: (イ)

あなたがたはよく聞き、よく見なさい。 שִׁמְעוּ שָׁמוֹעַ וּרְאוּ רָאֹה: (ロ)

[注]וּרְאוּ（רְאוּ命2男複＜רָאָה見る） (あなたがたは)見なさい

רָאֹה(不定詞＜רָאָה見る)ここでは「見るために」や「注意深く」の意。

彼は私の戒めを守りつづけた。 שָׁמַר שָׁמוֹר אֶת מִצְוֹתָי: (ハ)

(He kept my commandments continuously.)

[注]מִצְוֹתָי(◌ַ◌ 私のמִצְוֺת(複数)＜מִצְוָה戒律) 私の戒律

(3)命令的用法

（イ）　זָכוֹר אֶת־הַיּוֹם הַזֶּה:　この日を覚えなさい。（出エジプト記13:3）

[注] זָכוֹר（独立不定詞<זָכַר 覚える）「覚えること」＝「覚えよ」の意。
הַיּוֹם (יוֹם 日＋הַ 冠詞)（その)日；הַזֶּה (זֶה＋הַ 冠詞) この～

（ロ）　שָׁמוֹר אֶת־יוֹם הַשַּׁבָּת:
安息日を守りなさい。(申命記5:12)

(4)付帯状況を表す用法

（イ）　וַיֵּלֶךְ הָלוֹךְ וְאָכֹל:

そして彼は食べながら（歩きつつそして食べつつ）歩いた。(士師14:9)

[注] וַיֵּלֶךְ(ワウ継続法<יֵלֵךְ 未完了<יָלַךְ 行く、歩く)　そして彼は歩いた

(5)文の主動詞としての用法

（イ）　נָתוֹן אֹתוֹ עַל כָּל־אֶרֶץ מִצְרָיִם:

彼(ファラオ)は彼(ヨセフ)をエジプト全土の上に立てた。(創世記41:43)

[注] נָתוֹן(<נָתַן 与える)：独立不定詞が定動詞の代用をしている。

(6)文の主語としての用法

（イ）　אָכֹל דְּבַשׁ הַרְבּוֹת לֹא־טוֹב:

蜂蜜を多く食べることはよくない。(箴言25:27)

[注] דְּבַשׁ (男)蜂蜜；הַרְבּוֹת 多く(הִרְבָּה のヒフイル合成不定詞の副詞的用法)

§26-4 不定詞の合成形(Infinitive construct)

בָּא הָאִישׁ לִקְטֹל אֹתִי:

[解説] בָּא (彼は)来た；הָאִישׁ その人(は)；לִקְטֹל (קְטֹל [合成不定詞]殺すこと
＋לְ [前置詞]～のために)殺すために；אֹתִי (אֵת～を＋ִי 私) 私を
[訳]その(男の)人は私を殺すために来た。(**The man came to kill me.**)

§26-5 不定詞の作り方

קָטַל　　(辞書形：殺す)
קָטַל →□ וֹ □ ◌　קָטוֹל [独立形]
קָטַל →□ ◌ ◌　קְטֹל [合成形]

合成形とは独立形の短縮形である。(注)שָׁכַח (忘れる)→שָׁכוֹחַ[独形]→שְׁכֹחַ
[合成形](喉音文字にパタハがつく)

§26-6　合成不定詞の代名語尾

　合成不定詞は名詞として代名語尾をとることができる。その代名詞が主格か目的格かは文脈によって判断する。そのばあい、規則動詞は קְטֹל 形から [qoṭl] に変わる。קְ [ケ]→קׇ [コ]。この ◌ׇ はカメツ・ハトフという[§2-6]。

קְטֹל　→　קׇטְלוֹ [—ろトこ] ┌ 彼が殺すこと(**his killing**)
　　　　　　　　　　　　　└ 彼を殺すこと(**killing him**)

רַע קׇטְלוֹ: この文は2通りに解せる。どちらの意味かは文脈によって判断する。
　(1)彼が(他のだれかを)殺すことは悪い。
　(2)(他のだれかが)彼を殺すことは悪い。

§26-7　合成不定詞の用法

(1)前置詞のつかない合成不定詞の名詞的用法(主語として)

טוֹב שְׁמֹעַ אֶת־הַתּוֹרׇה:
その律法に従うことはよい。

(2)前置詞つきの合成不定詞(前置詞の目的語として)

(イ)名詞的用法

(a) (主語として)

טוֹב לִשְׁמֹר אֶת־תּוֹרַת יְהוׇה:
主の律法を守ることはよい。

(**It is good to keep the law of the Lord.**)

(b)(「〜が始まろうとする」動作を表す主語補語として)

וַיְהִי הַשֶּׁמֶשׁ לׇבוֹא:
そして太陽が沈もうとしていた。(創世記15:12)

(**And the sun was ［直訳 to set］ about to set.**)

[注] לׇבוֹא (<בוֹא 沈む+לְ) 沈むため；アクセントのある単音節の前では לְ は לׇ になり、母音の後の弱ダゲッシュは消える。(ב→ בׇ); וַיְהִי は、英訳すれば **And it happened that** …である。

(c) (目的語として)

אׇהַב לִקְרֹא:
彼は朗読したかった。

(**He wanted to read aloud.**)

[注] לִקְרֹא [קְרֹא (<קׇרׇא 朗読する)+לְ] 朗読すること

(ロ)形容詞的用法

עֵת לָלֶדֶת וְעֵת לָמוּת׃

生まれる(生むべき)時があり、そして死ぬ時がある。

([There is] A time to be born [bear], and a time to die.)(伝道の書3:2)

[注] עֵת(よい)時 ; לֶדֶת(לָלֶדֶת 合成不定詞生まれること [< יָלַד (子を)生む、(文脈によって)生まれる]+לְ [←לְ〜のための])生まれるための ; מוּת(合成不定詞 <死ぬ)死ぬこと

(ハ) 副詞的用法

יָשַׁב הָאִישׁ לִקְרֹא׃

その人は読むためにすわった。

(The man sat to read.)

[注] קְ+לְ→ לִקְ

יָשַׁב הָאִישׁ לֶאֱכָל־לֶחֶם׃

その人はパンを食べるためにすわった。

[注]前置詞の発音は、それが付く名詞が半母音ではじまるばあいは、その短母音となる。אֱכָל+לְ→ לֶאֱכָל となる。

(3)不定詞の否定

不定詞の否定詞にはבִּלְתִּיを使用、שָׁכַח (<שָׁכַח 忘れる)。

טוֹב לְבִלְתִּי שָׁכַח אֶת־הַמִּצְוָה׃

その戒めを忘れないことはよい。

(It is good not to forget the commandment.)

[注]לְבִלְתִּיのבַの弱ダゲシュが消えるのはその前の母音(シェワーの有音)のためである。

§26-8 **練習問題　次の5つの文を日本語に訳しましょう。**

（練習問題の解答は巻末）

(2) שָׁמַר שָׁמוֹר אֶת־מִצְוֹתַי׃

(1) שָׁמוֹר שָׁמַר׃

(4) אָהַב לִקְרֹא׃

(3) שָׁמוֹר אֶת־יוֹם הַשַּׁבָּת (申命記5:12))

(5) יָשַׁב הָאִישׁ לִקְרֹא׃

※単語は単語集参照

右から書く←

שָׁמוֹר שָׁמַר׃

分詞(Participle)

הָאִישׁ כֹּתֵב:

[ﾍﾞ ﾃ　ｺ　　ｼｭ ｨｰｼ ｨﾊ] ←右から発音

その(男の)人は書く(いている)。

---

§27-1

הָאִישׁ כֹּתֵב:

[解説] [訳] その(男の)人は書く(いている)。(**The man writes.**または**is writing.**)

כֹּתֵב はכָּתַב の分詞(動詞的形容詞)であり、文型としては、הָאִישׁ טוֹב:「その人は善良である。」と同じ第2文型である。

§27-2 分詞の用法

(1)分詞は動詞の働きのある形容詞であり、限定的用法(書いている人)や叙述的用法

(その人は＝書いている)や名詞的用法(書く者)がある。

(2)分詞には、きまった時制がないので、その時制は文脈によって判断する。

(3)分詞は現在にも過去にも未来にも用いられる。

(4)分詞は動詞的形容詞であるから、それが修飾する語と性数が一致する。

(5)分詞には人称の変化はない。

(6)カル態にだけ受動態の分詞がある。

§27-3 強動詞カル能動・受動分詞の変化

	性	単数	複数
能動	男性	קֹטֵל　殺す	קֹטְלִים
	女性	קֹטֶלֶת　(קֹטְלָה)	קֹטְלוֹת
受動	男性	קָטוּל	קְטוּלִים
	女性	קְטוּלָה	קְטוּלוֹת

(1)カル分能男単の特徴はホレム（長めの[オ ō]）とツェレ（長めの[エ ē]）である。(2)弱動詞の変化は強動詞のそれに準じる。(3)能動分詞の女単は男単に ת をつけ、その前の2文字の母音をセゴル にする。(4)受動分詞の女単は、男単の後に ה を加える。(5)複数形は男女共に名詞や形容詞の変化に準ずる。

§27-4 分詞の用例

(1)叙述的用法

(イ) הָאִישׁ הֹלֵךְ אֶל־הַהֵיכָל׃
その(男の)人はその宮にむかって歩いている。

(ロ) הָאִישׁ כֹּתֵב סֵפֶר׃
その人は書物を書いている。

(ハ) זֶה כָּתוּב בַּסֵּפֶר׃
これはその書物に書かれている。

(ニ) בָּרוּךְ יְהוָה לְעוֹלָם׃ (詩篇89:53)
主はとこしえにほむべきかな。

(2)限定的用法

(イ) הָאִישׁ הַכֹּתֵב אֶת־הַסֵּפֶר קֹהֶלֶת׃
その書物を書いているその(男の)人は伝道者である。

[注] כָּתֵב はכָּתַב (書く)の分詞で、形容詞としてהָאִישׁを修飾する。修飾すべき単語に冠詞がついているので、形容詞としてのכֹּתֵבにも冠詞がつき、動詞として目的語をとっている。 קֹהֶלֶת ;伝道者

(ロ) זֶה מִשְׁפָּט כָּתוּב׃
これは書かれたおきてである。

(3)名詞的用法(〜する人)

(イ) לֹא יִישָׁן שׁוֹמֵר יִשְׂרָאֵל׃ (詩篇121:4)
イスラエルを守る者は眠らない。

[注] לֹא〜ない ; יִישָׁן (休止形 [○ → ○]未3男単<יִישַׁן 未3男単<יָשַׁן眠る)
(彼は)眠る ; שׁוֹמֵר (男単分詞<שָׁמַר守る)守る者

(ロ) אֵין פֹּעֵל צֶדֶק׃
義を行う者はいない。

[注] פֹּעֵל (男単分詞<פָּעַל〜をする) ; צֶדֶק 義

(ハ) אֵין עֹשֵׂה־טוֹב׃ (詩篇14:3)
善を行なう者はいない。

[注] עֹשֵׂה־ (←עָשָׂה「する」のパ分男単合成形)〜する者

(ニ) וְהַמֶּלֶךְ הָיָה מוֹשֵׁל בְּכָל־הַמַּמְלָכוֹת׃
そしてその王はすべての国々の支配者であった。(I 列王記5:1参考)

[注] מוֹשֵׁל(男単分詞<מָשַׁל支配する)支配する者 ; הַמַּמְלָכוֹת (「王国」
מַמְלָכָה[単]>מַמְלָכוֹת[複]＋ ○ה)その諸王国

(ホ) זֶה הַכָּתוּב בַּתּוֹרָה׃
これは律法の中に書かれているものである。

(ヘ) הָאִשָּׁה הַיֹּשֶׁבֶת בָּעִיר טוֹבָה׃
その町に住んでいるその女の人はすばらしい。

---

§27-5 練習問題　次の５つの文を日本語に訳しましょう。

（練習問題の解答は巻末）

(1) הַמֶּלֶךְ הֹלֵךְ אֶל־הַהֵיכָל׃

(2) הָאִישׁ כָּתַב סֵפֶר׃

(3) הָאִשָּׁה יֹשֶׁבֶת בָּעִיר׃

(4) הַמֶּלֶךְ הָיָה מוֹשֵׁל בְּכָל־הַמַּמְלָכוֹת׃

(5) הָאִישׁ הַכֹּתֵב אֶת־הַסֵּפֶר שָׁפַט׃

※単語は単語集参照

《 聖書の句 》

לָמָה עֲזַבְתָּנִי:

[ニ **タ**ッザア　　ー**マ**ら]

どうしてあなたは私をお見捨てになったのですか。(詩篇 22:2)

§ 28-1

NOTES

לָמָה עֲזַבְתָּנִי:

[解説] לָמָה (מָה 何？+לְ ～のために)なぜ(なんのために) ; עֲזַבְתָּנִי [ニ**タ**ッザア]
(נִי [私を]+עָזַבְתָּ < עָזַבְתָּ (完了) [あなたは見捨てた]< עָזַב [見捨てる])あなた
は私を見捨てた(**you have forsaken me**)。

[訳]どうしてあなたは私をお見捨てになったのですか。(詩篇22:2)

§ 28-2 動詞(完了形)の代名語尾の解説

שָׁמַר דָּוִד אֹתוֹ: 「ダビデは彼を守った。」

אֹתוֹ (ו 彼 +אֵת～を) 「彼を」を動詞の目的語とすることができるが、その代わ
りにその目的語を動詞の一部にして:שְׁמָרוֹ דָּוִד としても基本的には意味は同じ
である。שְׁמָרוֹ は ו (彼を)+שָׁמַר (< שָׁמַר [守る])からなっている。

§ 28-3 動詞(3単男完)＋代名語尾の例

שָׁמַר	彼は～を守った。
שְׁמָרַנִי	彼は私を守った。[← נִי 私(両性)を+שָׁמַר]
שְׁמָרְךָ	彼はあなたを守った。[← ךָ あなた(男性)を+שָׁמַר]
שְׁמָרֵךְ	彼はあなたを守った。[← ךְ あなた(女性)を+שָׁמַר]
שְׁמָרוֹ	彼は彼を守った。[← וֹ 彼を+שָׁמַר]
שְׁמָרְהוּ	彼は彼を守った。[←הוּ 彼を + שָׁמַר]
שְׁמָרָהּ	彼は彼女を守った。[← הּ 彼女を+שָׁמַר]
שְׁמָרָנוּ	彼は私たちを守った。[←נוּ 私たちを+שָׁמַר]
שְׁמַרְכֶם	彼はあなたがたを守った。[← כֶם あなたがた(男性)を+שָׁמַר]
שְׁמַרְכֶן	彼はあなたがたを守った。[←כֶן あなたがた(女性)を+שָׁמַר]
שְׁמָרָם	彼は彼らを守った。[←ם 彼らを+שָׁמַר]
שְׁמָרָן	彼は彼女たちを守った。[←ן 彼女たちを+שָׁמַר]

右から書く ←

לָמָה עֲזַבְתָּנִי:

§28-4 主語が別なばあいの完了＋語尾の形

彼女は私(両性)を守った	שְׁמָרַתְנִי	שָׁמְרָה>שְׁמָרַת + ◌ְנִי
あなた(男性)は彼を守った	שְׁמַרְתּוֹ	שָׁמַרְתָּ>שְׁמַרְתּ + וֹ
あなた(女性)は彼女を守った	שְׁמַרְתִּיהָ	שָׁמַרְתְּ>שְׁמַרְתּ + ◌ִיהָ
あなた(男性)は私を守った	שְׁמַרְתַּנִי	שָׁמַרְתָּ>שְׁמַרְתּ + ◌ַנִי
私(両性)はあなた(男性)を守った	שְׁמַרְתִּיךָ	שָׁמַרְתִּי>שְׁמַרְתּ + ◌ִיךָ
彼ら(男女性)は私たちを守った	שְׁמָרוּנוּ	שָׁמְרוּ + נוּ
あなたがた(男女)は私を守った	שְׁמַרְתּוּנִי	שְׁמַרְתֶּם / שְׁמַרְתֶּן + נִי
私たち(両性)はあなた(男性)を守った	שְׁמַרְנוּךָ	שָׁמַרְנוּ>שְׁמַרְנוּ + ךָ

§28-5 語尾がとれる3つの話態（完了能動形）

(1)カル形 אָהֵב　彼は～を愛した

אָבִיו אֲהֵבוֹ:　彼の父は彼を愛した。(創世記44:20)

(2)ピエル形 בִּקֵּשׁ (<בֵּקֵּשׁ)彼は本気で～をさがした(真剣に～を求めた)。

בִּקְשַׁנִי:　彼は本気で私をさがした(真剣に私を求めた)。

(3)ヒフィル形 הִמְלִיכַנִי:彼は私を王にした。 הִמְלִיךְ　彼は～を王にした。

§28-6 種々な用例(未完了形)

(1)[カル形] יִשְׁמֹר　彼は～を守る

יִשְׁמְרֵנִי:　彼は私を守る(であろう)。 (יִשְׁמֹר + ◌ֵנִי)

אֱלֹהִים יִשְׁמָרְךָ מִכָּל־רָע:　神はすべての災いからあなたを守られる。

(יִשְׁמָרְךָ (יִשְׁמֹר + ◌ְ ךָ) 　יִשְׁמָרְךָ はルモュシイ[右から発音←]([彼は]あなたを守る」)

יִשְׁמְרוּךָ:　彼らはあなたを守る(であろう)。(יִשְׁמְרוּ + ךָ)

תִּשְׁמְרוּהוּ:　あなたがた(男性)は彼を守る。 (תִּשְׁמְרוּ + הוּ)

(2)[ピエル形] יְבַקֵּשׁ　彼は本気で～をさがす(であろう)

יְבַקֶּשְׁךָ:　彼は本気であなたをさがす(であろう)。 (יְבַקֵּשׁ>יְבַקֶּשׁ + ◌ְ ךָ)

(3)[ヒフイル形] יַמְלִיךְ彼は～を王にする(であろう)

יַמְלִיכֵנִי:　彼は私を王にする (であろう) 。 (יַמְלִיךְ + ◌ֵנִי)

§28-7 練習問題　次の5つの文を日本語に訳しましょう。

（練習問題の解答は巻末）

(1) לָמָה עֲזַבְתָּנִי: (詩22:2)

(2) שָׁמַר דָּוִד אֹתוֹ:

(3) שְׁמָרוּ דָוִד:

(4) לָמָה שְׁמָרוּ דָוִד:

(5) שְׁמָרַנִי אַבְרָהָם:

※単語は単語集参照

例文集

《 聖書の句 》

בַּיּוֹם הַשְּׁבִיעִי שָׁבַת אֱלֹהִים׃

[ムーヒろエ　　とァ**ヴァシ**　　ーィィヴ エシハ　　ムヨバ]
右から発音 ←

7日目に神は休息された。（［参考］創世記 2:2 ）

§29-1 実例

(1) [比較の文]

あわれみは金よりもよい。׃טוֹב חֶסֶד מִזָּהָב　(イ)

ダビデはサウルより偉大である。׃דָּוִד גָּדוֹל מִשָּׁאוּל　(ロ)

ダビデは自分の兄弟たちのだれよりも偉大である。׃דָּוִד גָּדוֹל מִכֹּל אֶחָיו　(ハ)

[注] אֶחָיו (<אַחִים(複数形)<אָח 兄弟)彼の兄弟たち

אֵלִיָּהוּ גָּדוֹל בְּכָל־נְבִיאֵי הַמֶּלֶךְ׃　(ニ)

エリヤはその王のすべての預言者たちの中で一番偉大である。

[注] נְבִיאֵיは נְבִיאִים(預言者)の複数 נְבִיאִיםの合成形。

(2)[重文と複文]

(重文; 完了) ׃וַיְהִי בַבֹּקֶר וַיֵּלֶךְ הַכֹּהֵן אֶל־הָעִיר　(イ)

[訳]その朝、その祭司はその町へ行った。

([It was] In the morning [and] the priest went to the city.)

וַיְהִיは הָיָהのワウ継続法の未完了で「そしてそれはあった **and it was**または **happened**」であり、בַּבֹּקֶר (ב + ◌ַה + בֹּקֶר)その朝(に) が過去であることを示すだけである；ワウ継続法 וַיֵּלֶךְ < יָלַךְ + ◌ַ + וַ) [ふれェ**イィワ**]「そして(彼は)行った」では接続詞 וは訳す必要はない。

上記の2つの定動詞(文法的に規定されている動詞)、וַיְהִと וַיֵּלֶךְとが主従の関係ではなく、対等の関係にあるので重文なのである。完了(וַיְהִי)は時間をあらわす節である。

וְהָיָה כִּי יִשְׁלַח יְהוָה אֶת־הַנָּבִיא וְהָלַךְ הַנָּבִיא אֶל־הָעִיר׃　(ロ)

(重文;未完了)主がその預言者をつかわすとき、その預言者はその町に行くであろう。

([It will happen] When the Lord sends the prophet, [and] the prophet will go to the city.)

(複文;未完了) ׃אִם־תֵּלֵךְ עִמִּי וְהָלַכְתִּי　(ハ)

[訳]もしあなた(男性)が私といっしょに行くならば　それなら私は行きます。

(If you [will] go with me, then I will go.)

אִם「もし〜ならば」は条件節(**Protasis**)で、そのあとに「〜であろう」という帰結節(**Apodosis**)がくる；תֵּלֵךְは יָלַךְ (行く)の未完了2男単である；עִמִּי עִם〜といっしょに + ◌ִי 私→「私といっしょに」の意であり、このばあい מ の中に強ダゲシュがはいる；וְהָלַכְתִּי の וのここでの主な役割は、その後の動詞の完了を未完了に変えるワウ継続法で、接続詞としては「そうすれば」の意；וְהָלַכְתִּי は הָלַךְ (行く)の完了1単であり、ワウ継続法によって完了は未完了になり、「私は行きます」の意。

(3)[数詞]

(イ) יֵשׁ לִי בָנִים שְׁנָיִם: 私には2人の息子がいる。

(ロ) בַּיּוֹם הַשְּׁבִיעִי שָׁבַת אֱלֹהִים: 7日目に神は休息された。

[注]序数は形容詞に分類され、名詞に直接つく。

限定的(**attributive**)用法では性が一致する。そのばあい冠詞をともなう。

上例では[הַ ⊙]。

(ハ) שֵׁשֶׁת יָמִים עָשָׂה יְהֹוָה אֶת־הַשָּׁמַיִם וְאֶת־הָאָרֶץ:

[訳]主は6日で天と地とを造られた。(出エジプト記31:17)

[解説]שֵׁשֶׁת יָמִים [←右から発音 ムーミヤ とェシェシ]のשֵׁשֶׁתはשִׁשָׁה(六)を意味する

女性数詞の合成形(〜の6)で、次のיָמִים יוֹם(「日」男性単数の複数)にかかり、

6日の間で;עָשָׂה [←右から発音 ーサア] (彼は)造った;יְהֹוָה [←右から発音 ィナどア]主。

---

§29-2 練習問題 次の5つの文を日本語に訳しましょう。

（練習問題の解答は巻末）

(1) טוֹב זָהָב מִכֶּסֶף:

(2) יָקָר חֶסֶד מִזָּהָב:

(3) וַיְהִי בַבֹּקֶר וַיֵּלֶךְ הַנָּבִיא אֶל־הָעִיר:

(4) וְהָיָה כִּי יִשְׁלַח יְהֹוָה אֶת־הַנָּבִיא וְהָלַךְ הַנָּבִיא אֶל־הָעִיר:

(5) שֵׁשֶׁת יָמִים עָשָׂה יְהֹוָה אֶת־הַשָּׁמַיִם וְאֶת־הָאָרֶץ:

※単語は単語集参照

〈 出エジプト記 (出典) 〉

　創造の6日間の1日を「主にあっては、一日は千年のようであり、千年は一日のようである」（Ⅱペテロ3:8 ［参考］詩篇90:4）に基づいて1日を地質学の年代や長期間に解釈するのが一般的である。しかし、そこで言われていることは「主にあっては」であって、人間にとっては、1日は1日であり、千年は千年なのである。

　主ご自身が語り、告げて(出エジプト記20:1)、しかもご自身の指で書かれた十戒(じっかい)(出エジプト記31:18)の4戒で、「あなたは六日の間働いてあなたのすべてのわざをしなさい。七日目はあなたの神、主の安息であるから、いかなる仕事をもしてはならない。」(出エジプト記20:9-10)という安息日を1日24時間とする文脈で、その安息日制定の根拠として主が語り告げられたのがこれである。「それは、六日のうちに天と地と海と、それらの中のすべてのものを造って、七日目に休まれたからである。それで主は安息日を祝福して聖別された。」(出エジプト記20:11)

　創世記の1日が24時間でなければ、アダムは8日目に何歳になるか。メトセラの一生(969年)はどうなるのか。

〈 出エジプトに参加した人数 〉

　出エジプト記12:37には出エジプトに参加した人数が女とこどもを除いた徒歩の男子だけで「約60万人」とある。聖書は概数にたいしては、きちんと「約」をつけてはっきりとけじめをつけている。これは女こどもも合わせると約250万〜300万人ほどになり、ありそうにない人数と一般に考えられている。そこでこの数字を引き下げるために多くの学者が種々の試みをしてきたが、成功していない。もしこれが写字生の誤写とか後代の挿入となれば、幕屋の記事のかなりの部分にひびが入り、聖書が繰り返し「主はモーセに言われた」(出エジプト記4:21)、「〜は、主がモーセに命じられたことをことごとくした」(出エジプト記38:22)、「主がモーセに命じられたとおりである」(出エジプト記39:1)と記していることばのもつ意味も弱くなり、聖書自体の権威そのものがゆらいでくる。

　しかし生ける神のことばである聖書は、出エジプト記の最後の部分でいかなる非聖書的解釈にたいしても拒絶反応を起こす。それは、言い逃れのできない方法によって登録された20歳以上の男子だけのその人数が603,550人であったと断言する(出エジプト記38:26)。その方法とは、すべて数にはいる20歳以上の男子による主へのささげ物によってである。金は自主的なささげ物であるのにたいし、銀は一種の人頭税的な性格をもって集められた。1タラント(ヘブライ語で כִּכָּר)は3,000シェケルであるから集まった銀100タラント1,775シェケルは301,775シェケルになる。それでそれは、603,550人が半シェケルずつ収めた額になる。

　60万3千5百50人はヘブライ語では次のようになる。

שֵׁשׁ - מֵאוֹת	אֶלֶף	וּשְׁלֹשֶׁת אֲלָפִים	וַחֲמֵשׁ מֵאוֹת	וַחֲמִשִּׁים
六　　百	千	三　と　千	五　と　百	と　十五 (50)
合成男単 合成女複 男単		合成女単・接 男複	合成男単・接 女複	男複・接

　これを英語でいえば、**six hundred thousand and three thousand and five hundred fifty (men)** となり、ヘブライ語と並べ方が逐語的に同じである。

《 聖書の句 》

בְּרֵאשִׁית בָּרָא אֱלֹהִים אֵת הַשָּׁמַיִם וְאֵת הָאָרֶץ׃

[ッレアハ とエエウ ムイマシハ とエ ムーヒろエ ーラバ とーシレベ]

はじめに神は天と地とを創造された。(創世記 1:1)

§ 30-1

NOTES

בְּרֵאשִׁית בָּרָא אֱלֹהִים אֵת הַשָּׁמַיִם וְאֵת הָאָרֶץ׃

[解説]上記のヘブライ語は創世記1:1である。

上のタテ線は、その数が多い順に間が大きい。

地(のそ) を〜 と〜 天諸(のそ) を〜 は神 たし造創 にめ初

[訳]はじめに神は天と地とを創造された。(創世記1:1)

(In the beginning God created the heavens and the earth.)

直接目的語 Direct object						主語 Subject		動詞 Verb		副詞句 Adverb
地(のそ) 目的語 冠詞	を〜 助詞	〜と〜 + 接続詞	天諸(のそ) 目的語 冠詞	を〜 助詞	+	は神 主語	+	たし造創 述語	+	にめ初 副詞句

§30-2 朗読のための記号（朗読符）

へブライ語聖書には母音記号のほかに朗読符がある。たとえば創世記1章1節の בָּרָא の ◌ָ や אֱלֹהִים の ◌ֱ がそれである。これらの朗読符には3つの働きがある。

(1)朗読符の機能

この符号はどこに強勢をおき、どこで区切り、どこをつづけて朗読するかを指示する。またそれは旧約聖書が旋律的朗唱で伝えられてきた面もあるので、へブライ語の旧約聖書をシナゴーグなどで朗読するときの節回し（旋律）を指示する。時代と地域によってユダヤ人による聖書朗読の節回しは異なる。バビロン捕囚期のユダヤ人によるスィルークとアトナハの節回しは次のようになる。

スィルーク	アトナハ
◌	◌

(2)アクセントの位置の指示

朗読符の多くは、単語のアクセントの位置を示す。それゆえこの符号がついている箇所を強く発音する。

[例] הָאָרֶץ [ッレアハ] ; אֱלֹהִים [ムーヒろエ]

(3)朗読符の句読点の役割

朗読符には2種類あって、1つは分離アクセント符で、それは文の中の区切りや文の終わりを示す句読点の働きをする。もう1つは結合アクセント符で、それは、ある単語を次の語と続けて読むことを示す。

上記の(1)から(3)は正しく朗読するためばかりでなく、構文を正しく把握して意味を正確に理解する上でたいせつである。たとえば、創世記1:1の解釈として(イ)「はじめに神は天と地とを創造した」と(ロ)「神が天と地とを創造したはじめに、地は〜であった」などがある。[とーシレベ]（はじめに）に朗読符（句読点の役割）ティフハー（分離アクセント符）があるのでマソラ学者はそれを独立形（はじめに[彼は]〜）に解しているのが分かる。それにたいして[とーシレベ] を合成形「〜のはじめに」とし、[ーラバ]（完了）を不定詞「創造すること」とし、「(神が)天と地とを創造する(した)ことのはじめに」という解釈がある。しかし2節の前に接続詞[ェウ]「そして；さて」があるためにこの解釈は不自然である。

NOTES

§30-3 朗読符の種類

(1)朗読符には散文のものと詩文(詩篇とヨブ記と箴言)のものとがある。

(2)朗読符には3種類の役割がある。

(イ)アクセントの位置をあらわすしるし、(ロ)次の単語と切り離して発音する分離アクセント符(**Disjunctive accents**)としてのしるし、または次の単語につづけて発音する結合アクセント符(**Conjunctive accents**)としてのしるし、(ハ)音符(節回し)のしるしとである。

(3)朗読符の中には前置符(Prepositive)と後置符(Postpositive)とがあり、前者は単語の最初の文字につき、後者は単語の最後の文字につき、アクセントをあらわさないで、次の単語との発音上の分離か結合の役割と音符の役割を果たす。音符については読解には直接関係しないのでここでは割愛する。

§30-4 散文のアクセント符

(1)分離アクセント符とその役割

下記の符号はそれがついている音節を強く発音し、次の単語との間に休止をおくことを表す。分離アクセント符は日本語の句読点に相当する。

(イ) [ֽ◌]スィルーク(סִלּוּק)

これは文の中で最も大きな区切りで、アクセントのある音節の母音記号の左側につく。この符号がついている語で文が終わる。その後には必ずソフ(終り)・パスーク(節) (סוֹף פָּסוּק 節の終わり)という符号(׃)がくる。

(創世記1:1) (その地) הָאָֽרֶץ׃...

(ロ) [◌]アトナハ(אַתְנָח)

これは1つの文の前半と後半との区切りで、スィルークにつぐ大きな区切りである。この符号がついている語で文の前半が終わり、その次の語から後半が始まる。(創世記1:1)...(神は) אֱלֹהִים...

(ハ) [◌]セゴルター(סְגוֹלְתָּא)

これは後置符で、アトナハより前にあり、節のはじめに近いところにある大きな中間休止である。(創世記1:7) (その大気) [アキラハ] הָרָקִיעַ...

(ニ) [◌]シャルシェレト(שַׁלְשֶׁלֶת)

これは文のはじまりにある中間休止でセゴルターの代わりをし、左にタテ線(仕切り)がある。(創世記19:16)...(しかし彼はためらっていた) וַיִּתְמַהְמָהּ

(ホ) [◌]ザケフ・カトン(זָקֵף קָטוֹן)

これはアクセントのある音節につく。主にアトナハによって区切られた前半と後半をさらに区切るのに用いられる。(創世記1:14)...(天)הַשָּׁמַיִם...

(ヘ) [֧]ザケフ・ガドール(זָקֵף גָּדוֹל)

　これはザケフ・カトンより弱い。(創世記1:14)...(分けるために)לְהַבְדִּיל...

(ト) [֗]レビア(רְבִיעַ)

　レビアはザケフ・カトンによって細分化される区分の中により小さな区分をつくる。

...(その夜)הַלַּיְלָה...(その天の)　הַשָּׁמַיִם...(そして神は言った)

וַיֹּאמֶר אֱלֹהִים(創世記1:14)

(チ) [֖]ティフハー(טִפְחָא)

　これはアトナハとスィルークの前の予備的区切りで、スィルークやアトナハに

よる大きな休止への予備的段階としてリズムが要求する休止である。

(地):הָאָרֶץ...(天)הַשָּׁמַיִם...(神は)אֱלֹהִים...(はじめに)בְּרֵאשִׁית

　　　　　　　　　　　(予備)　　　　　　　　　　　　(予備)

(創世記1:1)

(リ) [֙]パシュター(פַּשְׁטָא)

　　アクセントがある語尾　דָּבָר[ルァ **ヴ**ダ 右から発音←]

　(創世記1:5) ...(その光を)לָאוֹר

　これは下記(ヘ)アズラーとは対照的に、その後に一息いれる。

(2)主な結合アクセント符とその役割

　下記の符号のある音節を強く発音し、次の単語との間に休止をおかないで、つ

づけて発音する。

(イ) [ֻ]ムナハ(מוּנַח)

　これはアトナハやザケフ・カトンの前の語につけられ、次の語とのつながりを

あらわす。(創世記1:1) (〜神は創造した)בָּרָא אֱלֹהִים...

(ロ) [֤]メフパク(מְהֻפָּךְ)

　(創世記1:7)...〜その水[との間]と(〜その水との間を[分けた])בֵּין הַמַּיִם...

(ハ) [֥]メレハー(מֵירְכָא)

　これは多くのばあいスィルークの前につく。

　(創世記1:1) (〜とその地とを)וְאֵת הָאָרֶץ...

(ニ) [֦]メレハー・ケフラー(מֵירְכָא כְפוּלָה)

　(創世記27:25) (ぶどう酒を)יַיִן (彼に)לוֹ...

(ホ) [֧]ダルガー(דַּרְגָּא)

　(創世記1:4) (そして神は〜見た)וַיַּרְא אֱלֹהִים

(ヘ) [֝]アズラー(אַזְלָא)

　(創世記1:9)...(水が集まれ)יִקָּווּ הַמַּיִם...

これは上記(リ)パシュターとは対照的に、その後はつづけて発音する。

§30-5 詩文(詩篇・ヨブ記・箴言)の朗読符

(1)主な分離アクセント符とその役割

(イ) [ֽ]スィルーク(§30-4(1)の(イ)と同じ)

(ロ) [ ]オレー・ウェヨレド(עוֹלֶה וְיוֹרֵד)

　これは詩文にのみ用いられる符号で、単語の上につける[ ]オレーと下につける[ ]ヨレドの2つで1つの分離アクセント符となり、[ ]ヨレドがアクセントのある音節につく。意味的につながる2つの語にまたがるばあいもある。この分離アクセント符はアトナハより強い区切りで、ヨレドのついた語までが節の前半で、その次の語から後半がはじまる。

(a) 1つの単語רְשָׁעִים (詩篇1:1)

	後半		前半
(大区切り)	(小区切り)		(中区切り)

(b)2つの単語にわたる(詩篇115:1)…(私たちに) לָנוּ (〜でなく) לֹא…

(ハ) [ ]アトナハ(§30-4(1)の(ロ))　以下省略

(2)主な結合アクセント符とその役割

(イ) [ ]ムナハ(§30-4(2)の(イ)) דָּבָר

(ロ) [ ]メレハー(§30-4(2)の(ハ)) דָּבָר

§30-6　まとめ

　以上のアクセントの体系は、散文と詩文とでは少し異なるが、両方とも、始めのもの、すなわち(イ)が分離力または結合力が最大で、順次小さくなる。朗読符の詳しい表は、原典(BHK；BHS)の付録参照。

§30-7　次の文を試読しましょう。(出典)創世記　[解答]創世記1:1

בְּרֵאשִׁית בָּרָא אֱלֹהִים אֵת הַשָּׁמַיִם וְאֵת הָאָרֶץ׃

[ッレアハ　　　とエェウ　　ムイマァシッハ　　とエ　　ムーヒろエ　　ーラバ　　とーシレベ→右から発音]

§30-8　次の文を試読しましょう。(出典)申命記　[解答]申命記4:32

…בָּרָא אֱלֹהִים אָדָם | עַל־הָאָרֶץ…

[ッレアハるア　　　ムダア　　　ムーヒろエ　　ーラバ　右から発音←]

《 聖書の句 》

וְהָאָ֗רֶץ הָיְתָ֥ה תֹ֙הוּ֙ וָבֹ֔הוּ וְחֹ֖שֶׁךְ

フェシほ エウ ―フォ ヴワ ―フと ―た ィ ハ ッレ ア ハ エウ]

עַל־פְּנֵ֣י תְה֑וֹם וְר֣וּחַ אֱלֹהִ֔ים

ムーヒ ろエ はアール エウ ムーホて ―ネ ぺ るア

מְרַחֶ֖פֶת עַל־פְּנֵ֥י הַמָּֽיִם׃

[ムイマ ムハ ―ネ ぺ るア とェふ ヘ ラメ

そしてその地は空白でなにもなかった。そしてやみが大水（の表面）の上にあった。
そして神の霊がその水の表面（の上）をおおっていた。（創世記 1:2）

---

§31-1   NOTES

וְהָאָ֗רֶץ הָיְתָ֥ה תֹ֙הוּ֙ וָבֹ֔הוּ וְחֹ֖שֶׁךְ

עַל־פְּנֵ֣י תְה֑וֹם וְר֣וּחַ אֱלֹהִ֔ים

מְרַחֶ֖פֶת עַל־פְּנֵ֥י הַמָּֽיִם׃

[解説] 創世記1章の2節を6つに分けて解説する。

§31-2 創世記1章2節　そしてその地は～であった

> וְהָאָ֗רֶץ הָיְתָ֥ה

וְהָאָ֗רֶץ [ッレアハエウ]「そしてその地は」 וְ‐ は1節と2節とをつなぐ接続詞「そして」; הָאָ֗רֶץ [< אֶ֫רֶץ 「地」 + הַ (冠詞)「その」; א、ע、ר の前では הַ → הָ; א の上の(֗) はレビアという分離アクセント符で、そこにアクセントがあり、次の単語との間にひと息おくしるし。そうしてこの語が強調される。

הָיְתָ֥ה [―たィハ] (そしてその地は)「～であった」は、その主語 אֶ֫רֶץ 「地」が女性名詞なので、完了男性単数 הָיָה [―ヤハ]「～であった」の女性形である。תָ֥ の(֥)はメレハーという結合アクセント符で、それがついているところにアクセントがあり、次の単語につづけて発音する。

§31-3 (その地は)空白で何もない(状態であった)

> תֹ֫הוּ וָבֹ֫הוּ

תֹ֫הוּ [ーフと]「空白(何もないこと)」のתの(◌ֹ)は[オ]でתは[と, **tho**]。וは [ーウ]で、הוּは[ーフ]。◌֫◌◌はパシュターという分離アクセント符で、前の◌ があるところ、すなわち単語の最後から2番目の音節にアクセントがあって、次 の単語との間にひと息おく。

וָבֹ֫הוּ [ーフォ**ヴワ**]「そしてなにもないこと」のוは接続詞וֹであるが、アクセン トのある音節の直前にくるばあい、とくに対となる語と組み合されると発音はוָ [ワ]となる。בֹ の(◌ֹ)は[オ]でבは[ォ**ヴ**]。הוּは[ーフ]である。בֹ の上の(◌֫)はザケ フ・カトンという分離アクセント符で、それがある所にアクセントがあり、次の 単語との間にひと息おく。תֹ֫הוּもוָבֹ֫הוּも辞書形は、最初の文字に弱ダゲシュ (◌ּ)がはいっているが、両者とも母音の母音が先行しているので、それが消 えている。

[音読と意味]

וָבֹ֫הוּ	תֹ֫הוּ	הָיְתָ֥ה	וְהָאָ֗רֶץ
[ーフォ**ヴワ**	ーフと	ーたィハ	ッレアハエウ]
皆無　そして	無	～であった	その地は　そして

右から発音←

[訳] そしてその地は空白で何もなかった。

§31-4 そしてやみが大水のおもてにあった。

> וְחֹ֫שֶׁךְ עַל־פְּנֵ֥י תְהֹ֑ום

וְחֹ֫שֶׁךְ [ふェシ**ほ**エウ]「そしてやみが～」וְは前文とこの文をつなぐ接続詞で ある。חֹ の(◌֫)はティフハというアトナハの前の予備的な分離アクセント符で、そ こにアクセントがあり、次の単語と切り離して発音する。חֹ֫שֶׁךְ「やみ」のךはכ の終止形で、その中の(ְ)はן(ヌン)の終止形と区別するためのものである。

右から発音←

עַל־פְּנֵ֥י[ーネ**ペ**るア]「～の表面の上に」עַלは「～の上に」の意。פְּנֵי は פָּנִים の合成形「～の表面」。נֵי の(◌֥)はムナハという結合アクセント符で、それ がついているנֵ[ーネ]にアクセントがあり、次の単語とのあいだに間をおかないで 一気に発音するしるし。

右から発音←

תְהֹ֑ום[ムーほて]「大水」のוֹは[ーオ]の音で、הֹは[ーホ]。この語の意味は 「大水」である。הֹ の(◌֑)はアトナハという分離アクセント符で、それがついてい るところにアクセントがあり、次の単語と切り離して発音する。

[音読と意味]

תְהֹ֑ום	עַל־פְּנֵ֥י	וְחֹ֫שֶׁךְ
[ムーほて	ーネ**ペ**るア	ふェシ**ほ**エウ]
大水	の表面の上に	(あった)やみが　そして

右から発音←

[訳] そしてやみが大水の表面上にあった。

§31-5 そして神の霊が(〜であった。)

וְרוּחַ אֱלֹהִים

וְרוּחַ [はアールエゥ←もから発音]「そして〜の(その)霊」のרוּחַの発音は[はル]ではなく、[はアール←もから発音]と発音する。語末のחַ、עまたはהַ(真中の⊙はマッピーク[מַפִּיק]という)の下のパタハ(◌)は、それらの喉音を発音する前に[ア]を発音する。このパタハを潜入パタハという。

רוּחַ「〜に属する霊」とאֱלֹהִים [ムーヒろエ←もから発音]「神」とがいっしょになって「神の(その)霊」となり、文法的には、「霊」が「神」に依存して、意味上「神」と合体しているので、רוּחַ (〜の霊)を合成形という。רの ◌ はムナハという結合アクセント符でザケフ・カトンの前の語につけられる。そしてאֱלֹהִיםの ◌ はザケフ・カトンという分離アクセント符で主にアトナハによって区切られた前半と後半をさらに区切るのに用いられる。

§31-6 (神の霊が)おおっていた(水の表面上を)

מְרַחֶפֶת

מְרַחֶפֶת [とェふヘラメ←もから発音]「〜おおっている」はרָחַף「(めんどりが巣についてその卵をふ化するためにしっかりと抱いているように)おおう」の分詞(動詞の形容詞的用法)で、ピエル態という強調形の分詞で、主語が女性単数なので、それに一致して女性単数である。ニフアル態(受動態)以外の分詞には接頭辞としてמがつく。חֶの(◌)はティフハというスィルークの前の予備的な分離アクセント符で、そこにアクセントがあり、次の単語と切り離して発音する。

§31-7 (神の霊が)水の表面の上を(おおっていた)

עַל־פְּנֵי הַמָּיִם׃

עַל־פְּנֵי [―ネぺるア←もから発音]「〜の(その)表面の上に」の(̄)はマケフという連結符で、それがついている単語同士が一つの単位となってアクセントは最後の単語にだけある。עַלは「〜の上に」という前置詞、その次の単語に付いて副詞句になる。その前の分詞との関係で「〜の上をおおっていた」の意。פְּנֵיはפָּנִים「表面」の合成形「〜の(その)表面」。(◌)はメレハーという結合アクセント符で次の単語とつづけて発音する。הַמָּיִם [ムイマムハ←もから発音]「その水」の⊙הは冠詞で、מָיִםの意味は「水」。מの左下のたての線(◌)はスィルークという最も大きな区切りを示す分離アクセント符であり、この符号がついた単語で文が終わる。そこに多少力を入れて発音するので、母音に変化が起こる。ここでは、מַがמָになり、この変化した形を休止形(Pausal form)という。したがってこの符号(スィルーク)の後には終止符(סוֹף פָּסוּק [End of a verse])(׃)がくる。

[音読と意味]

וְרוּחַ אֱלֹהִים מְרַחֶפֶת עַל־פְּנֵי הַמָּיִם׃

[はアールエゥ   ムーヒろエ   とェふヘラメ   ―ネぺるア   ムイマムハ]
そして〜の(その)霊   神   おおっていた   〜の (その) 面の上を   その水

[訳] そして神の霊が水の面の上をおおっていた。

§31-8 創世記1:2のまとめ

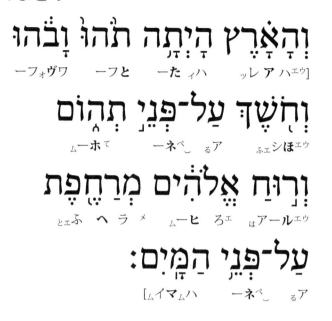

[訳] そしてその地は空白でなにもなかった。そしてやみが大水の上にあった。そして神の霊がその水の表面をおおっていた。

(And the earth was empty space and nothingness. And darkness was upon the face of the deep. And the Spirit of God was brooding over the face of the waters.)

〈 天地創造直後の地の状況 〉

創世記1:2における地の3重の状況は創世記1:1における神の創造直後の姿である。そのことは両節を結ぶ接続詞(ו)の存在と、さらに十戒の4戒では、天と地と海とそれらの中のものの創造が創造の6日間の中に含まれている(出エジプト記20:11)ことによって証明される。

第1の状況の問題は תֹהוּ [ーフと] の意味である。それは「彼(神)は北の天を空間(תֹהוּ=empty space)に張り、地を何もない所(בְּלִי־מָה [(what)ーマ・(not)リベ]＝nothing無)にかけられる」(ヨブ記26:7)において、物体が占めるべき空間の意味で用いられている。そしてその[ーフと]はその後の[ーマ・リベ](何もない所＝無)と意味上並行関係にある。創世記1:2では、תֹהוּ [ーフと]はその後のבֹהוּ [ーフォヴ](無)と意味上並行関係にあり、両者は韻を踏み、対になって地をおおっている大水の上に、何もない状態を強調している。それは「無しかも皆無」という感じである。

第2の状況は、神に創造された暗やみ(イザヤ書45:7)がその大水の上に存在することである。

第3の状況は、この時点では波を生じさせる大気はまだ造られていない。その水のおもては、神の霊の支配下にあってそれを混沌(無秩序)とさせるような秩序の神に相反する現象は何もなく、整然とした状態であったはずである。創造者は「無秩序の神ではなく、平和の神」(Ⅰコリント14:33)だからである。

創世記1:2の状況は、神がこれから大水を上の水と下の水とに分けてその中間に大空(大気圏)を造る前段階の地球上の状態である。それは大気が造られる前であるので、風によって水が荒れることもなく、大水はくまなく神の霊とやみとにおおわれていた。混沌とさせるような要因は何もなく、まさに水面は何もない状態[ーフォヴ・ワ・ーフと]だったのである。

《 聖書の句 》

וַיֹּאמֶר אֱלֹהִים יְהִי אוֹר וַיְהִי־ אוֹר:

[ルーオ ―ヒエイワ ルーオ ―ヒエイ ムーヒろエ ルメヨイワ]
<small>右から発音 ←</small>

そして神は「光あれ」と言われた。すると光があった。(創世記 1:3)

§32-1

וַיֹּאמֶר אֱלֹהִים יְהִי אוֹר וַיְהִי־ אוֹר:

[解説]1章3節を3つに分けて解説する。

§32-2 そして神は…と言われた

וַיֹּאמֶר אֱלֹהִים

　וַיֹּאמֶר の וַ の下の母音記号パタハの発音は[ア]、合せて[ワ]で接続詞である。その次の[ֹ]は強ダゲシュで、それがつく子音字が2重であることを表す。その下の[◌]はメレハーという結合アクセント符で、その上の文字にアクセントがあり、それがついている語を次の単語につづけて発音する。

　יֹּאמֶר は辞書形 אָמַר (言う)の未完了3人称単数であるが、וַ といっしょになると、未完了が完了に変わるワウ継続法である。未完了のワウ継続法のばあいは、完了の動詞がそれに先行するのが普通である。ここでは2節の הָיְתָה がそれである。וַיֹּאמֶר 「そして(彼は)言った」の中の「言った」が動詞で、その次にある אֱלֹהִים (神)が主語である。הの左下の[◌]はティプハという分離アクセント符で、次の単語と区切って発音する。

　　　　אֱלֹהִים 　　　 וַיֹּאמֶר
　　　[ムーヒろエ 　 ルメヨイワ]
　　　　　　　　　　<small>右から発音 ←</small>
　　　神は　　　　言ったそして

[訳] そして神は言われた。

§32-3 光あれ

יְהִי אוֹר׃

יְהִי は「何々があれ」(**let there be**)である。הִי の左下にある[﹐]はムナハという結合アクセント符で次の単語につづけて発音する。יְהִי は完了3男単 הָיָה(彼は～あった)の未完了[הָיָה→ﹼイ ﹷイ**yih｜yê'**]の短縮形である。3人称の未完了は、そのまま命令(指示形)となり、「(何々が)あるように(～あれ)」の意味となる。

אוֹר[ﹷルーオ](男単)は「光」の意。אֹ の下のしるし(﹐)はアトナハといい、1つの文を前半と後半に分ける分離アクセント符である。

        אוֹר   יְהִי
    [ﾙ ー オ   ー ヒ ﹕エイ]
      光が   あれ

[訳]「光があれ」 **Let there be light.**

§32-4 すると光があった

וַיְהִי־אוֹר׃

וַיְהִי は「そして～があった」である。これも§18-2と同じように[未完了＋וַ]でワウ継続法であるから、未完了 יְהִי([彼は]あるであろう）が→「～があった」の意味になる。ここで注意すべきことは、יְ には強ダゲシュがつかないことである。וַ の左下のたて線はメテグといって、そのあとのマケフ(־)の次のאוֹר[ﹷルーオ]のアクセントを主アクセントとすれば、それにたいして副アクセントで、音調をととのえる第2アクセントである。たとえば英語の**cònversátion**(会話)の**còn**-にあたる。

אוֹר׃(光)のאֹ の下のたて線は、そのあとに終止符(׃)があるので、節と節とを分けるスィルークという分離アクセント符である。

       וַיְהִי־אוֹר׃
    [ﾙ ー オ   ー ヒ エイ **ワ**]
      光が   あった   そして

[訳] すると(そして)光があった。

[注] 2個またはそれ以上の単語がマケフ(מַקֵּף)でつながれるばあいは、最後の単語にだけアクセントが集中し、それ以外には主アクセントはなくなる。

上の用例の[**ワ**]は第2アクセントである。

§32-5 創世記1:3のまとめ

וַיֹּאמֶר אֱלֹהִים יְהִי אוֹר וַיְהִי־אוֹר׃

  [ﾙ ー オ   ー ヒエイワ   ﾙ ー オ   ー ヒエイ   ﾑ ー ヒろﹷエ   ﾙ メ ﹗ワ]

[訳]そして神は「光あれ」と言われた。すると光があった。

(**And God said, "Let there be light." And there was light.**)

§32-6　学習メモ

学習メモ29

〈 光の創造 〉

　「光あれ」（創世記１:３)の光が既存の神のシェキナー(栄光)か、太陽の光か、創造の１日目に造られた光かという問題がある。それは、「大空(ラキア)があれ」のばあいは、そのあとに「神は大空を造った(アーサー)」（１:７)とあるが、光のばあいは、それがないからであるといわれる。しかしイザヤ書45:7には、神は「光を形造り[るァツーーヤ]」、やみを創造し[ーラーバ]」とある。この光は、聖書では創世記１:３以外にあてはまるところはないので、創造の１日目の光は、みことばによって造られたと解するのが自然である(詩篇３３:６；１４８:５；ヘブル１１:３)。

　光のほうには יָצַר[るァツーヤ]（本来の意味「形造る(form)」)が使われているその理由は、同じことばをさけるためと、さらに光をある形に集中させたからと解せる。その光がやがて創造される太陽の代用をするためにそれに似せて形造られたからと解するのが自然である。

　使徒パウロは、創世記１:３「光あれ」を意訳して「やみの中から光が照りいでよ」(コリント人への手紙第二4:6[ロ語訳])としている。パウロの訳では、「やみの中から(out of darkness)」が付加されている。この解釈は、あたかも「太陽の光から」や「神の栄光の光から」という解釈が出るのを予測していたかのようである。「やみ」とは「光」の反対概念であり、「やみ」の中には光は存在しないので、「やみ」の中からは、「無」の中からと同じ意味になる。ここでたいせつなことは、やみ「の中から$\dot{\epsilon}\kappa$」であって、やみ「を通して$\delta\iota\dot{\alpha}$」でないことである。したがって、パウロの解釈は、神がそのみことばによって光を無から創造したということである。

《 聖書の句 》

וַיַּרְא אֱלֹהִים אֶת־הָאוֹר כִּי־טוֹב

[ヮィヤル エろヒー ム   エと ハオール   キー トゥ]
右から発音←

וַיַּבְדֵּל אֱלֹהִים בֵּין הָאוֹר וּבֵין הַחֹשֶׁךְ׃

[ヮィヤィデャる   エろヒー ム   ベンハオール   ウヴェン   ハほシェェ ふ]
右から発音←

そして神はその光をほんとうに良いと見て、それから神はその光とやみとを分けられた。(創世記 1:4)

---

§33-1

וַיַּרְא אֱלֹהִים אֶת־הָאוֹר כִּי־טוֹב

וַיַּבְדֵּל אֱלֹהִים בֵּין הָאוֹר וּבֵין הַחֹשֶׁךְ׃

[解説]1章4節を4つに分けて解説する。

§33-2 そして神は(〜を)見た

וַיַּרְא אֱלֹהִים

וַיַּרְא の発音は[→**way/yár** ヮィヤィワ]であり、それを分解すれば、יַּרְא (短縮形 ＜
右から発音←
未完了＜ רָאָה [見る]完了)＋ וַ (接続詞)からなるワウ継続法である。それゆ
え動作の様態が未完了から完了に変わり、その意味は「そして(彼は)見た」となる。
そしてその動詞の主語がそのあとの אֱלֹהִים である。 ַ のパタハの左側のしるし[֥]
は、ダルガーという結合アクセント符であり、次の単語につづけて発音する。

אֱלֹהִים の意味は「神」である。 הִ の左下のしるし(֚)はテヴィールという分離ア
クセント符で、その音節にアクセントをおいて次の単語と区切って発音する。

וַיַּרְא   אֱלֹהִים
[ヮィヤィワ ルエろヒー ム]
右から発音←

そして   見た   神は

[訳] 「そして神は（〜を）見た」

§33-3 （神は）その光をたしかによい（と見た）

אֶת־הָאוֹר כִּי־טוֹב

אֶת־הָאוֹר の אֶת־ は「〜を」の意味。הָאוֹר は אוֹר (光)+הָ (冠詞)からなり、その意味は「その光」である。אֶ の下のしるし(◌)はティフハーという分離アクセント符で次の単語と区切って発音する。したがって「（神は）その光を（見た）」となるが、そのあとの2つの単語は文の構造上2つの解釈が可能である。

כִּי־טוֹב の כִּי を接続詞にとるか、「ほんとうに」、「たしかに」を意味する副詞にとるかによって文構造が変わる。英語で説明すると、

(1) (**God saw**) **the light, that it was good.**

$$\underline{\text{S + V}\ \ \ +\ O}\ \ \ \boxed{\text{O = S + V + C}}$$

[訳]「（神は）その光を見て、それがよいこと（がわかった）。」

(2) (**God saw**) **the light** **really good.**

$$\text{S + V}\ \ \ \ \ +O\ \ \ \ \ +OC\ \ \ \ \ \ \ \ \text{O+OC はO＝OCの関係}$$

[訳]「（神は）その光がほんとうによいこと（がわかった）。」

(2)の解釈がより自然である。

טוֹב の טֹ の下のしるし(◌)はアトナハといって、2つの文を前半と後半に分ける分離アクセント符であるから、それがついている音節にアクセントをおいて、次の単語と区切って発音する。

אֶת־ הָאוֹר כִּי־טוֹב
[ヴートーキ｜ルーオハとエ]

§33-4 そして神は（〜と〜とを）分けた

וַיַּבְדֵּל אֱלֹהִים

וַיַּבְדֵּל [→**way yavdé:l**]は יַּבְדֵּל+וַ からなる。יַּבְדֵּל は בְָדַל(カル形はない)の未完了のヒフイル形（彼は分けるであろう）であるが、変化表では יַקְטִיל で形が違うが、ワウ継続法のところをみると וַיַּקְטֵל があり、וַיַּבְדֵּל と同じ形がある。つまり יִ◌ の短縮形は ◌ になるのである。したがって וַיַּבְדֵּל は「そして（彼は）分けた」である。וַיַּבְדֵּל の דֵ の左下のしるし(◌)はムナハという結合アクセント符であり、そこにアクセントをおいて次の単語につづけて発音する。

אֱלֹהִים は「神」であり、לֹ の真上のしるし(◌)はザケフ・カトンという分離アクセント符で、そこにアクセントをおいて次の単語とは区切って発音する。

וַיַּבְדֵּל אֱלֹהִים
[ムーヒろエーるデッヤィワ]

[訳]　神は(何と何とを)分けた。

(**God divided [between A and B].**)

§33-5 (そして神は)その光とそのやみとを分けた

בֵּין הָאוֹר וּבֵין הַחֹשֶׁךְ:

בֵּין --- וּבֵין--- 「何々と何々との間を(分ける)」の両方のבֵּיとבֵּיとの左下にあるしるし(◯)はメレハーといい、結合アクセント符で次の単語につづけて発音する。2番目のבの中にダゲシュがないのは、その前に接続詞וּ[ウ]という母音があるからである。

הָאוֹר (<אוֹר 光+הָ冠詞)は「その光」の意。אの真下の(◯)はティフハーという分離アクセント符で、それがついている音節にアクセントをおいて、次の単語と区切って発音する。

הַחֹשֶׁךְ: (<חֹשֶׁךְ やみ+הַ冠詞)は「そのやみ」の意。הַの真下のしるし(◯)はスィルークといって最も大きな区切りで、この符号がついている語で文が終わる。

בֵּין הָאוֹר וּבֵין הַחֹשֶׁךְ:

[ふェシホハ ンェヴゥ ルーオハ ンーベ]
←右から発音

[訳](神は)その光とそのやみとの間を分けられた。

([**God divided**] between the light and the darkness =[**God separated**] the light from the darkness.)

§33-6 創世記1:4のまとめ

וַיַּרְא אֱלֹהִים אֶת־הָאוֹר כִּי־טוֹב

←右から発音
[ヴト ーキ ルーオハ とェ ムーヒ ろェ ルヤィワ]

וַיַּבְדֵּל אֱלֹהִים בֵּין הָאוֹר וּבֵין הַחֹשֶׁךְ:

[ふ ェシほハ ンェヴゥ ルーオハ ンベ ムーヒ ろェ るデゥヤィワ]

[訳]そして神はその光をほんとうに良いと見て、それから神はその光とやみとを分けられた。

(And God saw the light very good and God divided between the light and the darkness.)

§33-7　学習メモ

学習メモ 30

〈 造られた光と地球との関係 〉

　神が光を創造したとき、太陽はまだ造られていなかった。その光をたくわえる発光体としての太陽が造られる3日前に、それに代わるものとして光を1箇所に集中(localize)した太陽にかたどられたものが形造られた[ヤーツァる] (יָצַר) (イザヤ書45:7)と思われる。したがって、その光の固まりが、やみの中にある地球のある地点を瞬間的に照らしはじめたので、照らされた中心点は夕でも朝でもなく、「昼」(創世記1:3)となったのである。

　聖書には神は、光を創造したとき、それまでのそのやみとその光とを同時に分け、光を昼と呼び、やみを夜と呼ばれたとある。そして地上が(だんだん暗くなる)夕となり、(夜となり、)(だんだん明るくなる)朝となったとある。

　ここで神が光を「昼」と呼ばれたことには深い意味がある。昼から夕で6時間、夕から朝で12時間であり、その結果がまる「一日」[ドはエ ムヨ](יוֹם אֶחָד)である。それは昼の前に6時間があったことになる。創造の一日をはじめ、平日の日も1日は24時間であるというのが聖書の主張である。

　そして5節の「第一日」の「第一」は原語では、基数の[どはエ] (אֶחָד)で、単位を表す「1つの」という意味であり、同章の9節の「1つ所」の「1つ（の）」と同じ数詞である。序数の[ンーョシーリ] (רִאשׁוֹן)「第一(最初)の」を用いないで、基数で序数を表しているので、順序ばかりでなく、1日(24時間)という単位をも意図したと思われる。昼と夜および夕と朝という用語も1日＝24時間を示唆する。

　次に、「地」の形については、天の球形[グーふ] (חוּג) (ヨブ記22:14)にたいして、地の球形　[ッーふ] (חוּג)＝地球(イザヤ書40:22)があり、ヨブ記38:14によれば、地球の方が太陽を中心にその周囲を回っていることになる。

※34課の書写(創世記1:5)

《 聖書の句 》

וַיִּקְרָ֨א אֱלֹהִ֤ים ׀ לָאֹור֙ יֹ֔ום וְלַחֹ֖שֶׁךְ קָ֣רָא

<small>ーラカ　ふェシほらエウ　ムーヨ　ルーオら　ムーヒろエ　ーラッィィワ</small>

לָ֑יְלָה וַֽיְהִי־עֶ֥רֶב וַֽיְהִי־בֹ֖קֶר יֹ֥ום אֶחָֽד׃

<small>どはエ　ムーヨ　ルケォヴ　ーヒエイ・ワ　ヴレエ　ーヒエイ・ワ　ーらィら</small>

そして神は光を昼と呼び、やみを夜と呼んだ。夕となり、また朝となった。第一日である。(創世記 1:5)

§34-1

וַיִּקְרָ֨א אֱלֹהִ֤ים ׀ לָאֹור֙ יֹ֔ום וְלַחֹ֖שֶׁךְ קָ֣רָא

לָ֑יְלָה וַֽיְהִי־עֶ֥רֶב וַֽיְהִי־בֹ֖קֶר יֹ֥ום אֶחָֽד׃

[解説] 1章5節を4つに分けて解説する。

§34-2 そして神は光を昼と呼んだ

וַיִּקְרָ֨א אֱלֹהִ֤ים ׀ לָאֹור֙ יֹ֔ום

וַיִּקְרָ֨א[ーラッィィワ]はיִּקְרָא(קָרָאの未完了)＋וַ⊙ でワウ継続法で、「そして彼は呼んだ」である。רの左上の(◌֨)は結合アクセント符(アズラー)である。

אֱלֹהִ֤ים「神」のהの左下の(◌֤)とその単語の左側の ׀ タテ線（パセク）は分離アクセント符(メフパク・レガルメー)であるから、いったん一息いれて次に発する単語に心を集中させる。

לָאֹור֙[ルーオら]のלはהַ(冠詞)＋לְ(前置詞)であり、このלは目的語を表す前置詞。רの左上のしるし(◌֙)はパシュターという分離アクセント符である。

יֹ֔ום[ムーヨ]は「昼」であって、יの上の(◌֔)は分離アクセント符(ザケフ・カトン)である。

[まとめ]

וַיִּקְרָ֨א אֱלֹהִ֤ים לָאֹור֙ יֹ֔ום

<small>[ムーヨ　ルーオら　ムーヒろエ　ーラッィィワ]</small>

[訳] そして神はその光を昼と呼んだ。

(**And God called the light day.**)

※←34課の書写は左頁に記載

NOTES

§34-3 そして(神は)そのやみを夜と呼んだ

וְלַחֹשֶׁךְ קָרָא לָיְלָה

וְלַחֹשֶׁךְ [ﾌｪシほら**エゥ**]は חֹשֶׁךְ (やみ)＋ לַ (＜ הַ 冠詞＋ לְ 前置詞)＋ וְ (接続詞)からなり、「そしてそのやみを」である。 חֹ の下の(　)は分離アクセント符(ティフハー)である。

קָרָא [－ラ**カ**]は完了3男単「(彼は)呼んだ」の意。 קָ の左下の(　)は結合アクセント符(ムナハ)である。 קָרָא が קָרָא になったのは直後の לָיְלָה と一音節おいてリズムを保つため。

לָיְלָה は「夜」である。 לָ の左下の(　)は分離アクセント符(アトナハ)であるから大きな区切りである。

[まとめ] וְלַחֹשֶׁךְ　קָרָא　לָיְלָה
　　　　　[－らﾗ　－ラ**カ**　ﾌｪシほら**エゥ**]

[訳]そして(神は)そのやみを夜と呼んだ。(**And he called the darkness night.**)

§33-4 そして夕となった

וַיְהִי־עֶרֶב

וַיְהִי [－ヒエイ・ワ]は יְהִי (未完3男単)＋ וַ でワウ継続法で、 יְ にはダゲシュがつかない。 וַ の左下の(　)はメテグ(第2アクセントの役割)で、そこでいったんポーズをおく。

עֶרֶב [ｳﾞレ**エ**]は「夕」で、 עֶ の左下の(　)は結合アクセント符(メレハー)である。

[まとめ] וַיְהִי־עֶרֶב
　　　　[ｳﾞレ**エ**－ヒエイ・ワ]

[訳]そして夕があった(～となった)。(**And there was evening.**)

§34-5 そして朝となり、1日

וַיְהִי־בֹקֶר יוֹם אֶחָד׃

בֹקֶר [ﾙ**ｹｫ**ｳﾞ]は「朝」で、辞書形の発音は בֹקֶר [ﾙ**ｹｫ**ボ]であるが、本文ではその前に母音のある הִ [－ヒ]があるためにダゲシュ(⊙)がない。

בֹ の下の(　)は分離アクセント符(ティフハー)である。 יוֹם [ﾑ－**ヨ**]は、ここでは24時間の「日」の意。 יוֹ の下の(　)は結合アクセント符(メレハー)である。

אֶחָד׃ [ど**は**エ]は「1つの」(単位を表す数詞)である。 חָ の(　)は節の最後の音節につく分離アクセント符(スィルーク)である。 אֶחָד　יוֹם は、まる1日(24時間)が過ぎたという意味である。

[まとめ] וַיְהִי־בֹקֶר יוֹם אֶחָד׃
　　　　[ど**は**エ　ﾑ－**ヨ**　ﾙｹｫｳﾞ－ヒエイ・ワ]

[訳]そして朝があり、1日である。(**And there was morning. One day.**)

§34-6 創世記1:5の朗読練習

וַיִּקְרָ֨א אֱלֹהִ֤ים ׀ לָאוֹר֙ יוֹם֙ וְלַחֹ֖שֶׁךְ קָ֣רָא לָ֑יְלָה

ワイィクラー エロヒーム ラオール ヨーム ウェラホシェフ カラー ライラ

וַיְהִי־עֶ֥רֶב וַיְהִי־בֹ֖קֶר יוֹם אֶחָֽד׃

ワ・エイヒー−エレヴ ワ・エイヒー−ヴォケル ヨーム エハと

§34-7 学習メモ

学習メモ 31

〈 「第一日」(創世記 1:5) について 〉

創世記1:1の「初めに」は神による時間の創造であり、この時から宇宙の時間の経過は始まる。「主は六日のうちに天と地と海と、それらの中のすべてのものを造った」(出エジプト記20:11)とあるように、神は創造に6日を費し、安息に1日を費した。神はそれに基づいて、その民に6日間の労働と1日の安息を命じたのである。創世記1:5における第一日が24時間を示唆するのは、原典で1日目だけは、順序を表す序数の「第一(日)」ではなく、数量を表す基数の「1つの(日)」(24時間)が使われているからである。さらにその日の中にやみ・昼・夕・夜・朝があり、4日目の2つの光るもの(太陽と月)が「昼と夜とを分け、季節と日と年のしるし」(創世記1:14,15)となったからである。創造の1日目が他の6日と異なる点は、その日が朝で始まらないで、やみで始まっていることである。それは光がやみのあとに造られたからである。そして創造の6日間は宇宙の時間の経過の最初の6日間になる。

学習余滴「聖書が語る太陽」

太陽を造られた主なる神(創世記1:16)は、その太陽を前進させ(マタイの福音書5:45)、

静止させ(ヨシュア記10:13)、後退させる(Ⅱ列王記20:11;イザヤ書38:8)ことがおできになる。

学習メモ 32

〈 「一つの日」(創世記 1:5) の意味 〉

神は一日目に光を創造し、「神は光とやみとを区別された」とは地球という球体の明るい面と暗い面を示唆する。さらに神は光を昼と名づけ、同時にやみを夜と名づけている。昼を中心に考えると、神は最初の日の終わりに1日(one day)といっている。それゆえ昼の前の闇を6時間とし、昼から夕までを6時間とすれば、夕から朝までが12時間であるから、合計24時間となる。神が1日目の終わりにthe first dayでなく、one day (יוֹם אֶחָד) といわれたのは、第1日目であると同時に1日が24時間であることを教えるためである。

発音関連事項

《 聖書の句 》

כִּי מֶלֶךְ כָּל־הָאָרֶץ אֱלֹהִים׃

[エロヒーム　　ハアーレッ　　コるー　　キメーレふ←右から発音]

なぜなら神は全地の王であるから。(詩篇 47:8)

35-1

כִּי מֶלֶךְ כָּל־הָאָרֶץ אֱלֹהִים׃

[訳]なぜなら神は全地の王であるから。(詩篇47:8)

(**For God is the king of all the earth.**)

§35-2 休止形(Pausal forms)

　スィルークやアトナハやザケフなどがついた箇所は大きな区切りとなるので、それを発音するさいに多少力を入れて長く発音する。そのためにこれらの分離符がついた語の母音やアクセントの位置に変化が起こるばあいがある。このように変化した形を休止形または停止形という。

[用例]

(1)◌ֵ；◌ַ → ◌ָ　　מַיִם(水)→מָיִם ；כָּתַב(書く)→כָּתָב ；אֲנִי(私)→אָנִי

(2)◌ֶ → ◌ָ　　אֶרֶץ(地)→אָרֶץ ；נֶפֶשׁ(魂)→נָפֶשׁ

§35-3 アクセントに基づく音節の順番

		アクセントのある音節 (**Tonic**)	次音節 (**Pretonic**)	前次音節 (**Propretonic**)
(1)		רִים	בָ	דְּ
(2)		מוֹר	חֲ	
(3)	פֶּר	סֵ		

(1) דְּבָרִים(ことば)　　(2)חֲמוֹר(ロバ)　　(3)סֵפֶּר(書物)

[注]上例のように有音シェワーと חֲמוֹר 半母音は音節に数える。

כִּי מֶלֶךְ כָּל־הָאָרֶץ אֱלֹהִים׃ 右から書く←

35-4 母音記号

ヘブライ語の文字は子音字だけであるから、母音記号がついている。

記号	発音		名称
◌ָ	長	ア	カメツ
◌ַ	短		パタハ
◌ֲ	最短(半母音)		ハテフ・パタハ
יֵ◌	長	エ	ツェレ・ヨッド
◌ֵ	長		ツェレ
◌ֶ	短		セゴル
◌ֱ	最短(半母音)		ハテフ・セゴル
יִ◌	長	イ	ヒレク・ヨッド
◌ִ	短		ヒレク
וֹ	長	オ	ホレム・ワウ
◌ֹ	長		ホレム
◌ָ	短		カメツ・ハトゥフ
◌ֳ	最短(半母音)		ハテフ・カメツ
וּ	長	ウ	シューレク
◌ֻ	短		キブツ
◌ְ	有音	エ	シェワー
◌ְ	無音		シェワー

(注)同じ「長」でも子音字がある方がやや長めである。

§35-5 長母音のしるしとしての子音字

ה	ו	י
בָה [―バ] 右から発音 ←	בוֹ [―ボ]	בִי [―ビ]
בֶה [―ベ]	בוּ [―ブ]	בֵי [―ベ]
בֵה [―ベ]		בֶי [―ベ]
בֹה [―ボ]		

§35-6　学習メモ

学習メモ33

〈 律法の一点、一画 〉

　ことばの基本は口(くち)から発せられ、耳にはいる音声である。しかしその音声は発せられると、それについての記憶は残るが、音声自体は消滅する。神はご自身のみことばが永続するように、ご自身の指によってそれを石に刻み込んだ(出エジプト記31:18)。

　使徒パウロは神の福音は預言者たちにより口頭(こうとう)ではなく、聖なる書かれたものとしての「聖書の中に(ἐν γραφαῖς ἁγίαις)、あらかじめ約束されたもの」(ローマ1:2)といい、使徒ペテロは、パウロの手紙を聖書とすることによって、いわゆる聖書(=旧約聖書)を「ほかの聖書」(第2ペテロ3:15,16)といっている。ここに口頭によるものだけではなく、書かれたものとしての聖書の永続性と権威とがうかがわれる。

　主イエスは念入りに「天と地とが滅び行くまでは、律法の一点、一画も決してすたらないで、ことごとくまっとうされるのである」(マタイ5:18)と強調する。一点とは、ヘブライ語のアルファベットの中で最も小さい文字ヨッド(ᵞ)のことで、それがあるか、ないかによって意味がちがってくる。一画とはレーシュ(ר)のかどが丸みをおびているか、またダーレット(ד)のかどがかくばっているか、ベート(ב)の右下が突き出ているかどうかによって、ほかの文字になり、単語の意味も変わってくる。そのようにすみずみまで神のみこころが行き渡っているのであるから、聖書の文字のどれもないがしろにしてはいけないことを主イエスは強調されたのである。

　複数の異なる写本があっても、その中に御旨の写本があるはずである。さらに「聖書はすべて神の霊が吹き込まれている」(Ⅱテモテ3:16)ので読む者に神の霊が働くのである。神は生きておられるので、神のことばも生きている(ヘブル4:12)。それゆえ写本の写し違いや、翻訳の間違いがあっても生ける神は、その摂理によって聖書の本質を守り、神の子たちにさしつかえないようにされている。パウロは70人訳というギリシア語訳旧約聖書を用いて伝道牧会をした。教会の存続は、まさに翻訳の聖書によっているのである。

　主イエスが、よく「~と書いてある」(マタイ4:4など)といわれるが、その動詞の時制が現在完了であることは、そこに書かれていることが過去に書かれたものであっても、それを読む段階での神のことばの無誤性と有効性と確実性と永続性とを表している。

　主イエスは、旧約聖書の律法とご自身のことばを区別して、旧約聖書の律法は天と地とが滅び行くまでにはことごとくまっとうされる(マタイ5:18)という。ではご自身のことばは、どうかというと、主は「天と地とは滅びる。しかしわたしのことばは決して滅びることはない」(マタイ24:35；cf.マルコ13:31；ルカ21:33)とまでいわれるのである。主イエスのことばは永遠に有効なのである。

第36課 強動詞のカル完了の活用形

אֶת־יְהוָה זְכַרְתֶּם׃

[ムテルはぜ　ィナどァ　ことエ]

あなたがたは主を思い出した。

---

§36-1

אֶת־יְהוָה זְכַרְתֶּם׃

[解説] זְכַרְתֶּםは§36-4参照。

[訳] あなたがたは主を思い出した。

§36-2 強動詞のカル完了形

　ヘブライ語旧約聖書の3分の2の動詞はカル態(パアル態)であるから、カル態を学ぶことはたいせつである。強動詞のカル態の完了形の代表的な動詞の辞書形はקָטַל(殺す)である。この動詞の形は文の中では、主語が3人称単数男性で、動詞の様相は、事が完了したことをあらわす。この完了の時制が過去か現在か未来かは文脈によって判断する。過去のばあいが多いが、「知る」、「喜ぶ」、「憎む」は現在に用いられ、将来必ずおこると期待されることにも用いられる。

3人称男性単数以外の接尾要素を知れば、動詞の人称・性・数がわかる。

NOTES

§36-3 強動詞のカル完了の変化

	接尾要素	完了の変化表	訳
3男単		קָטַל	彼は殺した
3女単	הָ ◌	קָטְלָה [—ら_テ・カ] 右から発音←	彼女は殺した
2男単	תָ	קָטַלְתָּ	あなた(男性)は殺した
2女単	תְ	קָטַלְתְּ	あなた(女性)は殺した
1両単	תִּי	קָטַלְתִּי	私は殺した
3両複	וּ	קָטְלוּ [—る_テ・カ] 右から発音←	彼(女)らは殺した
2男複	תֶּם	קְטַלְתֶּם	あなたがた(男性)は殺した
2女複	תֶּן	קְטַלְתֶּן	あなたがた(女性)は殺した
1両複	נוּ	קָטַלְנוּ	私たちは殺した

§36-4 他の強動詞のカル完了形の変化

	כָּתַב (書く)	שָׁמַר (守る)	זָכַר (覚える)	יָשַׁב (住む)	קָבַץ (集める)	קָטַל (殺す)
3男単	כָּתַב	שָׁמַר	זָכַר	יָשַׁב	קָבַץ	קָטַל
3女単	כָּתְבָה	שָׁמְרָה	זָכְרָה	יָשְׁבָה	קָבְצָה	קָטְלָה
2男単	כָּתַבְתָּ	שָׁמַרְתָּ	זָכַרְתָּ	יָשַׁבְתָּ	קָבַצְתָּ	קָטַלְתָּ
2女単	כָּתַבְתְּ	שָׁמַרְתְּ	זָכַרְתְּ	יָשַׁבְתְּ	קָבַצְתְּ	קָטַלְתְּ
1両単	כָּתַבְתִּי	שָׁמַרְתִּי	זָכַרְתִּי	יָשַׁבְתִּי	קָבַצְתִּי	קָטַלְתִּי
3両複	כָּתְבוּ	שָׁמְרוּ	זָכְרוּ	יָשְׁבוּ	קָבְצוּ	קָטְלוּ
2男複	כְּתַבְתֶּם	שְׁמַרְתֶּם	זְכַרְתֶּם	יְשַׁבְתֶּם	קְבַצְתֶּם	קְטַלְתֶּם
2女複	כְּתַבְתֶּן	שְׁמַרְתֶּן	זְכַרְתֶּן	יְשַׁבְתֶּן	קְבַצְתֶּן	קְטַלְתֶּן
1両複	כָּתַבְנוּ	שָׁמַרְנוּ	זָכַרְנוּ	יָשַׁבְנוּ	קָבַצְנוּ	קָטַלְנוּ

§36-5 次の文を試読しましょう。 (出典)ヨナ書　上記和訳[参考]§35-1と§36-4　[解答]ヨナ書2:8

אֶת־יְהוָה זָכָרְתִּי:

זָכַרְתִּי (=休止形<זָכַרְתִּי<זָכַר 思い出す)

[ィテルかザ　　　　ィナどア　　　とエ] 右から発音←

§36-6 次の文を試読しましょう。 (出典)創世記　上記和訳[参考]§36-4；[解答]創世記13:12

אַבְרָם יָשַׁב בְּאֶרֶץ־כְּנָעַן:

[ンアナ^ケ　　ッレエベ　　ヴャシヤ　　ムラゥア] 右から発音←

第37課 弱動詞のカル完了の活用形

《 聖書の句 》

וָאֶת־קֹלוֹ שָׁמָעְנוּ׃

[ヌアマッシ　　　　ろこ　　ごとエェウ]
右から発音 ←

そして私たちは御声(彼[神]の声)を聞いた。(申命記5:24)

§37-1

NOTES

וָאֶת־קֹלוֹ שָׁמָעְנוּ׃

[解説]וָ そして；קֹלוֹ־אֶת 彼の声を(אֶת־〜を)；שָׁמָעְנוּ は שָׁמַע (聞く)のカル完
了1両複

[訳] そして私たちは御声(彼[神]の声)を聞いた。

(**And we heard his voice.**) (申命記5:24)

§37-2 弱動詞(別名：不規則動詞)

　弱動詞とは、強動詞と同じ法則に従って活用しようとする。しかしそこで使用
されている文字の種類のために活用の途中で、やむなく強動詞と同じ活用ができ
ない動詞のことである。

[例] שָׁמַעַתְּ (あなた[女]は聞いた)—קָטַלְתְּ (あなた[女]は殺した)

(比較)

§37-3 強音文字と弱音文字

(1)　強音文字は、語中で常に発音される文字であり、その文字だけからなる動詞を
強動詞または規則動詞という。

(2)　弱音文字は、時として黙音になるאやו／יまたは語根では表記されるが、活用
の途中で消滅するו／י、Ⅲ-הやנなどである。ローマ数字は辞書形の動詞の文字
の順番を表す。語根にその文字を含んでいる動詞を弱動詞という。また喉音文字
は弱音文字ではないが、活用の途中で発音が強音文字のばあいと異なる所がある
ので、喉音文字を含む動詞も文法上弱音動詞に分類する。

右から書く ←

§37-4 カル完了の強動詞と弱動詞との対照表(規則的なもの)

	Ⅲ－喉音 שָׁמַע (聞く)	Ⅱ－喉音 בָּחַר (選ぶ)	Ⅰ－喉音 עָמַד (立つ)	強動詞 קָטַל (殺す)	辞書形	
	述語				主語	
3男単	שָׁמַע	בָּחַר	עָמַד	קָטַל	הוּא	彼
3女単	שָׁמְעָה	בָּחֲרָה ▲	עָמְדָה	קָטְלָה	הִיא	彼女
2男単	שָׁמַעְתָּ	בָּחַרְתָּ	עָמַדְתָּ	קָטַלְתָּ	אַתָּה	あなた[男]
2女単	שָׁמַעַתְּ ▲	בָּחַרְתְּ	עָמַדְתְּ	קָטַלְתְּ	אַתְּ	あなた[女]
1両単	שָׁמַעְתִּי	בָּחַרְתִּי	עָמַדְתִּי	קָטַלְתִּי	אֲנִי	私[両]
3男複	שָׁמְעוּ	בָּחֲרוּ ▲	עָמְדוּ	קָטְלוּ	הֵם	彼ら
3女複	שָׁמְעוּ	בָּחֲרוּ ▲	עָמְדוּ	קָטְלוּ	הֵנָּה	彼女ら
2男複	שְׁמַעְתֶּם	בְּחַרְתֶּם	עֲמַדְתֶּם ▲	קְטַלְתֶּם	אַתֶּם	あなた[男]がた
2女複	שְׁמַעְתֶּן	בְּחַרְתֶּן	עֲמַדְתֶּן	קְטַלְתֶּן	אַתֶּן	あなた[女]がた
1両複	שָׁמַעְנוּ	בָּחַרְנוּ	עָמַדְנוּ	קָטַלְנוּ	אֲנַחְנוּ	私[両]たち

[注] 1)このセクションでは、弱動詞の変化が強動詞のそれとどこがどう違うかに注目すること。▲は相違点を示す。
　　 2)このⅠ～Ⅲは強動詞とほとんど同じ変化である。

§37-5 カル完了の強動詞と弱動詞との対照表(規則的なもの)

	2子音字 קוּם (立ち上がる)	2重アイン סָבַב (まわる)	2重弱音 עָלָה (のぼる)	Ⅲ-ה בָּנָה (建てる)	Ⅲ-א מָצָא (見出す)	強動詞 קָטַל (殺す)	辞書形
	述語						主語
3男単	קָם	סָבַב	עָלָה	בָּנָה	מָצָא	קָטַל	הוּא
3女単	קָמָה	סָבְבָה	עָלְתָה	בָּנְתָה	מָצְאָה	קָטְלָה	הִיא
2男単	קַמְתָּ	סַבּוֹתָ	עָלִיתָ	בָּנִיתָ	מָצָאתָ	קָטַלְתָּ	אַתָּה
2女単	קַמְתְּ	סַבּוֹת	עָלִית	בָּנִית	מָצָאת	קָטַלְתְּ	אַתְּ
1両単	קַמְתִּי	סַבּוֹתִי	עָלִיתִי	בָּנִיתִי	מָצָאתִי	קָטַלְתִּי	אֲנִי
3男複	קָמוּ	סָבְבוּ	עָלוּ	בָּנוּ	מָצְאוּ	קָטְלוּ	הֵם
3女複	קָמוּ	סָבְבוּ	עָלוּ	בָּנוּ	מָצְאוּ	קָטְלוּ	הֵנָּה
2男複	קַמְתֶּם	סַבּוֹתֶם	עֲלִיתֶם	בְּנִיתֶם	מְצָאתֶם	קְטַלְתֶּם	אַתֶּם
2女複	קַמְתֶּן	סַבּוֹתֶן	עֲלִיתֶן	בְּנִיתֶן	מְצָאתֶן	קְטַלְתֶּן	אַתֶּן
1両複	קַמְנוּ	סַבּוֹנוּ	עָלִינוּ	בָּנִינוּ	מָצָאנוּ	קָטַלְנוּ	אֲנַחְנוּ

§37-6 カル完了の強動詞と弱動詞との対照表(不規則的なもの)

	弱動詞				強動詞	辞書形
	יָרֵא (恐れる)	מוּת (死ぬ)	נָתַן (与える)	הָיָה (〔で〕ある)	קָטַל (殺す)	
	述語					主語
3男単	יָרֵא	מֵת	נָתַן	הָיָה	קָטַל	הוּא
3女単	יָרְאָה	מֵּתָה	נָתְנָה	הָיְתָה	קָטְלָה	הִיא
2男単	יָרֵאתָ	מַּתָּה	נָתַתָּ	הָיִיתָ	קָטַלְתָּ	אַתָּה
2女単	יָרֵאת	מַתְּ	נָתַתְּ	הָיִית	קָטַלְתְּ	אַתְּ
1両単	יָרֵאתִי	מַּתִּי	נָתַתִּי	הָיִיתִי	קָטַלְתִּי	אֲנִי
3男複	יָרְאוּ	מֵּתוּ	נָתְנוּ	הָיוּ	קָטְלוּ	הֵם
3女複	יָרְאוּ	מֵּתוּ	נָתְנוּ	הָיוּ	קָטְלוּ	הֵנָּה
2男複	יָרֵאתֶם	מַתֶּם	נְתַתֶּם	הֱיִיתֶם	קְטַלְתֶּם	אַתֶּם
2女複	יָרֵאתֶן	מַתֶּן	נְתַתֶּן	הֱיִיתֶן	קְטַלְתֶּן	אַתֶּן
1両複	יָרֵאנוּ	מַּתְנוּ	נָתַנּוּ	הָיִינוּ	קָטַלְנוּ	אֲנַחְנוּ

[参考]

　動詞の各話態の名称が、ニフアルやピエルなど動詞 פָּעַל を元にして付けられているように弱動詞の種類を示すばあいも פָּעַל を用いて第1根字を פ （ペー）、第2根字を ע （アイン）、第3根字を ל （ラメド）で表す。

例として、第1根字が א である弱動詞のことをペー・アレフ動詞と呼び、פָּא と記す。

§37-7　次の文を試読しましょう。 (出典)ヨナ書　和訳[参考] §36-4 [解答]ヨナ書 2:3

שָׁמַעְתָּ קוֹלִי׃

[リこ　　　タアマシ]

קוֹלִי （ יִ○ 私の＋ קוֹל 声）

第38課 強動詞のカル未完了の活用形

《 聖書の句 》

יִזְכֹּר לְעוֹלָם בְּרִיתוֹ׃

[ーとりべ　　ムらオれ　　ルコズイ]

主はご自分の契約をとこしえに覚えられる。(詩 111:9)

§38-1

יִזְכֹּר לְעוֹלָם בְּרִיתוֹ׃

[解説] יִזְכֹּר(< זָכַר覚える)未完了3男単；לְעוֹלָם (עוֹלָם永遠＋לְ ~に)永遠に；בְּרִיתוֹ (< וֹ彼の＋בְּרִית契約)彼の契約(を)；特定の目的語でも אֵת־をつけないばあいもある。

[訳] 神はご自分の契約をとこしえに覚えられる。

§38-2 カル未完了

カル態の未完了形の意味は動作が未完了(まだ完了していないこと)であることで、動作の時、すなわち過去・現在・未来を意味しない。その「時」は文脈から判断する。

§38-3 カル未完了の形

完了の活用では接尾要素(**Sufformatives**)と呼ばれる語形変化の接尾辞が動詞根について人称・性・数を示す。未完了では接頭要素(**Preformatives**)と呼ばれる語形変化の接頭辞がすべての未完了の動詞根のはじめに付加される。これらの接頭要素は未完了の活用を他のすべての活用から区別する。しかし未完了の半分は独自の接尾要素がつく。

	接尾要素	未完了の変化表	接頭要素	辞書形
3男単		יִקְטֹל	יִ	彼は殺す
3女単		תִּקְטֹל	תִּ	彼女は殺す
2男単		תִּקְטֹל	תִּ	あなた（男単）は殺す
2女単	ִי	תִּקְטְלִי	תִּ	あなた（女単）は殺す
1両単		אֶקְטֹל	אֶ	私は殺す
3男複	וּ	יִקְטְלוּ	יִ	彼らは殺す
3女複	נָה	תִּקְטֹלְנָה	תִּ	彼女らは殺す
2男複	וּ	תִּקְטְלוּ	תִּ	あなた方（男複）は殺す
2女複	נָה	תִּקְטֹלְנָה	תִּ	あなた方（女複）は殺す
1両複		נִקְטֹל	נִ	私たちは殺す

§38-4 未完了の否定と否定詞לֹא

　未完了の否定は完了のばあいと同じようにלֹאで否定される。この否定詞は動詞の直前におかれる。これは動詞を否定するのであるが、十戒(じっかい)では、לֹא＋未完了は絶対的禁止である。לֹא תִגְנֹב:盗んではならない。(出エジプト記20:15)

[注] תִגְנֹב (< גָּנַב盗む)未完2男単

§38-5 未完了による否定の命令

　命令形は肯定のばあいにのみ用いられる。普通の否定の命令は未完了に否定詞אַלを用いる。אַלはマケフ(אַל־)をつけるばあいが多い。אַל־תִּירָא:恐れるな。(創世記15:1) [注] תִּירָא (< יָרֵא恐れる)未完2男単

§38-6　次の文を試読しましょう。 (出典)詩篇 [解答]詩篇111:5b

יִזְכֹּר (יהוה) לְעוֹלָם בְּרִיתוֹ:

[ーとりべ　　　　ムらオれ　　　ィナどア　　　ルコズイ]
　　　　　　　　　　　　　　　　　　　　　　右から発音←

[注] [ィ] の音は [ע] である。

第39課 弱動詞のカル未完了の活用形

《 聖書の句 》

הוּא יִשְׁלַח מַלְאָכוֹ לְפָנֶיךָ:

[はーネァふれ　　ほアるマ　　はらュシイ　　ーフ]
右から発音 ←

彼はあなたの行く手にそ(彼)の御使いをつかわすであろう。(創世記24:7)

§39-1

NOTES

הוּא יִשְׁלַח מַלְאָכוֹ לְפָנֶיךָ:

[解説] יִשְׁלַח (<שָׁלַח つかわす)未完3男単；מַלְאָכוֹ (<מַלְאָךְ 彼の+天使)彼の天使；לְפָנֶיךָ (<פָּנֶה <פָּנִים 顔+לְ に)あなたの前に

[訳]主はあなたの行く手にそ(彼)の御使いをつかわすであろう。 [参考] 創世記24:7

§39-2 カル未完了強動詞と弱動詞との対照表(規則的なもの)

	Ⅲ－א	Ⅲ－ה	Ⅲ－ח/ע	Ⅱ－喉音	強動詞	
	מָצָא	בָּנָה	שָׁלַח	בָּחַר	קָטַל	辞書形
	(見つける)	(建てる)	(送る)	(選ぶ)	(殺す)	
	述語					主語
3男単	יִמְצָא	יִבְנֶה	יִשְׁלַח	יִבְחַר	יִקְטֹל	הוּא
3女単	תִּמְצָא	תִּבְנֶה	תִּשְׁלַח	תִּבְחַר	תִּקְטֹל	הִיא
2男単	תִּמְצָא	תִּבְנֶה	תִּשְׁלַח	תִּבְחַר	תִּקְטֹל	אַתָּה
2女単	תִּמְצְאִי	תִּבְנִי	תִּשְׁלְחִי	תִּבְחֲרִי	תִּקְטְלִי	אַתְּ
1両単	אֶמְצָא	אֶבְנֶה	אֶשְׁלַח	אֶבְחַר	אֶקְטֹל	אֲנִי
3男複	יִמְצְאוּ	יִבְנוּ	יִשְׁלְחוּ	יִבְחֲרוּ	יִקְטְלוּ	הֵם
3女複	תִּמְצֶאנָה	תִּבְנֶינָה	תִּשְׁלַחְנָה	תִּבְחַרְנָה	תִּקְטֹלְנָה	הֵנָּה
2男複	תִּמְצְאוּ	תִּבְנוּ	תִּשְׁלְחוּ	תִּבְחֲרוּ	תִּקְטְלוּ	אַתֶּם
2女複	תִּמְצֶאנָה	תִּבְנֶינָה	תִּשְׁלַחְנָה	תִּבְחַרְנָה	תִּקְטֹלְנָה	אַתֶּן
1両複	נִמְצָא	נִבְנֶה	נִשְׁלַח	נִבְחַר	נִקְטֹל	אֲנַחְנוּ

右から書く ←

הוּא יִשְׁלַח מַלְאָכוֹ לְפָנֶיךָ:

§39-3 Ⅰ－אとⅠ－喉音

	Ⅰ－א	Ⅰ-喉音	2重アイン動詞	2子音字動詞	強動詞	辞書形
	אָמַר (言う)	עָמַד (立つ)	סָבַב (まわる)	קוּם（קָם） (立ち上がる)①類	קָטַל (殺す)	
	述語					主語
3男単	יֹאמַר	יַעֲמֹד	יָסֹב	יָקוּם	יִקְטֹל	הוּא
3女単	תֹּאמַר	תַּעֲמֹד	תָּסֹב	תָּקוּם	תִּקְטֹל	הִיא
2男単	תֹּאמַר	תַּעֲמֹד	תָּסֹב	תָּקוּם	תִּקְטֹל	אַתָּה
2女単	תֹּאמְרִי	תַּעֲמְדִי	תָּסֹבִּי	תָּקוּמִי	תִּקְטְלִי	אַתְּ
1両単	אֹמַר	אֶעֱמֹד	אָסֹב	אָקוּם	אֶקְטֹל	אֲנִי
3男複	יֹאמְרוּ	יַעֲמְדוּ	יָסֹבּוּ	יָקוּמוּ	יִקְטְלוּ	הֵם
3女複	תֹּאמַרְנָה	תַּעֲמֹדְנָה	תְּסֻבֶּינָה	תְּקוּמֶינָה	תִּקְטֹלְנָה	הֵנָּה
2男複	תֹּאמְרוּ	תַּעֲמְדוּ	תָּסֹבּוּ	תָּקוּמוּ	תִּקְטְלוּ	אַתֶּם
2女複	תֹּאמַרְנָה	תַּעֲמֹדְנָה	תְּסֻבֶּינָה	תְּקוּמֶינָה	תִּקְטֹלְנָה	אַתֶּן
1両複	נֹאמַר	נַעֲמֹד	נָסֹב	נָקוּם	נִקְטֹל	אֲנַחְנוּ

§39-4 次の文を試読しましょう。(出典)創世記　　[参考]§39-1；[解答]創世記24:7

הוּא יִשְׁלַח מַלְאָכוֹ לְפָנֶיךָ׃

[は－ネァふれ　　**ほ**ア**る**マ　　は**ら**ュシイ　　ー**フ**]
右から発音 ←

§39-5 弱動詞と2重弱動詞(Doubly Weak Verbs)

	Ⅰ－נ	Ⅰ－י		2重弱動詞				辞書形
	נָפַל (落ちる)	הָלַךְ (歩く)	יָשַׁב (座る)	נָתַן (与える)	הָיָה (～である)	רָאָה (見る)	עָשָׂה (する)	
	述語							主語
3男単	יִפֹּל	יֵלֵךְ	יֵשֵׁב	יִתֵּן	יִהְיֶה	יִרְאֶה	יַעֲשֶׂה	הוּא
3女単	תִּפֹּל	תֵּלֵךְ	תֵּשֵׁב	תִּתֵּן	תִּהְיֶה	תִּרְאֶה	תַּעֲשֶׂה	הִיא
2男単	תִּפֹּל	תֵּלֵךְ	תֵּשֵׁב	תִּתֵּן	תִּהְיֶה	תִּרְאֶה	תַּעֲשֶׂה	אַתָּה
2女単	תִּפְּלִי	תֵּלְכִי	תֵּשְׁבִי	תִּתְּנִי	תִּהְיִי	תִּרְאִי	תַּעֲשִׂי	אַתְּ
1両単	אֶפֹּל	אֵלֵךְ	אֵשֵׁב	אֶתֵּן	אֶהְיֶה	אֶרְאֶה	אֶעֱשֶׂה	אֲנִי
3男複	יִפְּלוּ	יֵלְכוּ	יֵשְׁבוּ	יִתְּנוּ	יִהְיוּ	יִרְאוּ	יַעֲשׂוּ	הֵם
3女複	תִּפֹּלְנָה	תֵּלַכְנָה	תֵּשַׁבְנָה	תִּתֵּנָּה	תִּהְיֶינָה	תִּרְאֶינָה	תַּעֲשֶׂינָה	הֵנָּה
2男複	תִּפְּלוּ	תֵּלְכוּ	תֵּשְׁבוּ	תִּתְּנוּ	תִּהְיוּ	תִּרְאוּ	תַּעֲשׂוּ	אַתֶּם
2女複	תִּפֹּלְנָה	תֵּלַכְנָה	תֵּשַׁבְנָה	תִּתֵּנָּה	תִּהְיֶינָה	תִּרְאֶינָה	תַּעֲשֶׂינָה	אַתֶּן
1両複	נִפֹּל	נֵלֵךְ	נֵשֵׁב	נִתֵּן	נִהְיֶה	נִרְאֶה	נַעֲשֶׂה	אֲנַחְנוּ

練習問題の解答

§1-3 練習問題　次の5つの文を日本語に訳しましょう。

(1) 私はアブラハムである。 　　　　　　　　　　　(1) אֲנִי אַבְרָהָם׃

(2) 私はヨセフです。 　　　　　　　　　　　　　(2) אֲנִי יוֹסֵף׃

(3) 私はダビデである。 　　　　　　　　　　　　(3) אֲנִי דָוִד׃

(4) 私は王である。 　　　　　　　　　　　　　　(4) אֲנִי מֶלֶךְ׃

(5) 私は預言者である。 　　　　　　　　　　　　(5) אֲנִי נָבִיא׃

§2-7 練習問題　次の5つの文を日本語に訳しましょう。

(1) 私は父である。 　　　　　　　　　　　　　　(1) אֲנִי אָב׃

(2) あなたは息子である。 　　　　　　　　　　　(2) אַתָּה בֵּן׃

(3) 彼女は母である。 　　　　　　　　　　　　　(3) הִיא אֵם׃

(4) 私は王である。 　　　　　　　　　　　　　　(4) אֲנִי מֶלֶךְ׃

(5) 私は母である。 　　　　　　　　　　　　　　(5) אֲנִי אֵם׃

§3-6 練習問題　次の5つの文を日本語に訳しましょう。

(1) これは本である。 　　　　　　　　　　　　　(1) זֶה סֵפֶר׃

(2) これは肉である。 　　　　　　　　　　　　　(2) זֶה בָּשָׂר׃

(3) これは馬である。 　　　　　　　　　　　　　(3) זֶה סוּס׃

(4) これは家である。 　　　　　　　　　　　　　(4) זֶה בַּיִת׃

(5) これはろばである。 　　　　　　　　　　　　(5) זֶה חֲמוֹר׃

§4-4 練習問題　次の5つの文を日本語に訳しましょう。

(1) ダビデはマハナイムに来た。 　　　　　　　　(1) דָּוִד בָּא מַחֲנָיְמָה׃

(2) アブラハムはエジプトに来た。 　　　　　　　(2) אַבְרָהָם בָּא מִצְרַיְמָה׃

(3) モーセはエジプトへ行った。 　　　　　　　　(3) מֹשֶׁה הָלַךְ מִצְרַיְמָה׃

(4) その預言者はその町へ行った。 　　　　　　　(4) הַנָּבִיא הָלַךְ הָעִירָה׃

(5) サムエルはそこで休んだ。 　　　　　　　　　(5) שְׁמוּאֵל שָׁבַת שָׁם׃

§5-4 練習問題　次の5つの文を日本語に訳しましょう。

(1) その地は空白であった（その地にはなにもなかった）。　(1) הָאָרֶץ הָיְתָה תֹהוּ׃

(2) そのへびは狡猾であった。　(2) הַנָּחָשׁ הָיָה עָרוּם׃

(3) その男の人は老いていた。　(3) הָאִישׁ הָיָה זָקֵן׃

(4) サムエルは裁判官である。　(4) שְׁמוּאֵל שֹׁפֵט׃

(5) ファラオは王である。　(5) פַּרְעֹה מֶלֶךְ׃

§6-3 練習問題　次の5つの文を日本語に訳しましょう。

(1) ヨセフは真理を言った。　(1) יוֹסֵף אָמַר אֱמֶת׃

(2) イサクはパンを食べた。　(2) יִצְחָק אָכַל לֶחֶם׃

(3) ダビデは本（手紙）を読んだ。　(3) דָּוִד קָרָא סֵפֶר׃

(4) モーセは律法を書いた。　(4) מֹשֶׁה כָּתַב תּוֹרָה׃

(5) サムエルは民をさばいた。　(5) שְׁמוּאֵל שָׁפַט עַם׃

§7-4 練習問題　次の5つの文を日本語に訳しましょう。

(1) 主はソロモンに知恵を与えた。または（ソロモンに知恵を与えたのは主である。）　(1) יְהוָה נָתַן חָכְמָה לִשְׁלֹמֹה׃

(2) 主はモーセに律法を与えた。または（モーセに律法を与えたのは主である。）　(2) יְהוָה נָתַן תּוֹרָה לְמֹשֶׁה׃

(3) その人（男）は私にパンを与えた。または（私にパンを与えたのはその人（男）である。）　(3) הָאִישׁ נָתַן לִי לֶחֶם׃

(4) ダビデはソロモンに馬を送った。または（ソロモンに馬を送ったのはダビデである。）　(4) דָּוִד שָׁלַח סוּס לִשְׁלֹמֹה׃

(5) 神は彼に天使を送った。または（彼に天使を送ったのは神である。）　(5) אֱלֹהִים שָׁלַח לוֹ מַלְאָךְ׃

§8-3 練習問題　次の5つの文を日本語に訳しましょう。

(1) あなたを私は正しいと見た（認めた）。　(1) אֹתְךָ רָאִיתִי צַדִּיק׃

(2) アブラハムは彼を賢いと見た。　(2) אַבְרָהָם רָאָה אֹתוֹ חָכָם׃

(3) アロンは彼を非常に善良であると見た。　(3) אַהֲרֹן רָאָה אֹתוֹ טוֹב מְאֹד׃

(4) サムエルは彼を祭司と見た。　(4) שְׁמוּאֵל רָאָה אֹתוֹ כֹהֵן׃

(5) 神は彼の名をイスラエルと呼んだ。　(5) אֱלֹהִים קָרָא אֶת־שְׁמוֹ יִשְׂרָאֵל׃

§9-5 練習問題　次の5つの文を日本語に訳しましょう。

(1) その王は偉大である。　(1) גָּדוֹל הַמֶּלֶךְ׃

(2) その女の人は善良である。　(2) טוֹבָה הָאִשָּׁה׃

(3) その(男の)人は偉大であり、そして善良である。　(3) הָאִישׁ גָּדוֹל וְטוֹב׃

(4) その王は賢くて、そして善良である。　(4) הַמֶּלֶךְ חָכָם וְטוֹב׃

(5) その王たちは善良である。　(5) הַמְּלָכִים טוֹבִים׃

§10-4 練習問題　次の5つの文を日本語に訳しましょう。

(1) その王はその宮から来た。

בָּא הַמֶּלֶךְ מִן־הַהֵיכָל׃ (1)

(2) その水は彼らにとって（左右）壁となった。（出エジプト 14:22）

הַמַּיִם לָהֶם חֹמָה׃ (2)

(3) 神はそのちりから人を造った。

יָצַר אֱלֹהִים אָדָם מִן־הֶעָפָר׃ (3)

(4) 神はその人に女の人を与えた。

נָתַן אֱלֹהִים אִשָּׁה אֶל־הָאָדָם׃ (4)

(5) その人は彼女の名をエバと呼んだ。

קָרָא הָאָדָם אֶת־שְׁמָהּ חַוָּה׃ (5)

§11-3 練習問題　次の5つの文を日本語に訳しましょう。

(1) その預言者はその王の前にいる。

הַנָּבִיא לִפְנֵי הַמֶּלֶךְ׃ (1)

(2) その若者はその川まで行った。

הָלַךְ הַנַּעַר עַד־הַנָּהָר׃ (2)

(3) その息子はまさに王のようである。

הַבֵּן הוּא כְּמֶלֶךְ׃ (3)

(4) ダビデは真実に歩んだ（生きた）。

הָלַךְ דָּוִד בֶּאֱמֶת׃ (4)

(5) 私たちは神のうちにいる。

אֲנַחְנוּ בֵּאלֹהִים׃ (5)

§12-5 練習問題　次の5つの文を日本語に訳しましょう。

(1) モーセはよい人である。

מֹשֶׁה אִישׁ טוֹב׃ (1)

(2) そのよい人は貧しい。

דַּל הָאִישׁ הַטּוֹב׃ (2)

(3) ラケルはよい女の人です。

רָחֵל אִשָּׁה טוֹבָה׃ (3)

(4) 彼はイスラエル人である。

הוּא יִשְׂרְאֵלִי׃ (4)

(5) その水は冷たい。

הַמַּיִם קָרִים׃ (5)

§13-5 練習問題　次の5つの文を日本語に訳しましょう。

(1) 神は休まれた。

אֱלֹהִים שָׁבַת׃ (1)

(2) その（男の）人は王であった。

הָאִישׁ הָיָה מֶלֶךְ׃ (2)

(3) ダビデは手紙を書いた。

דָּוִד כָּתַב סֵפֶר׃ (3)

(4) 私はヨアブに手紙を書いた。

אֲנִי כָּתַבְתִּי סֵפֶר אֶל־יוֹאָב׃ (4)

(5) サムエルは彼を良い（人）と見た。

שְׁמוּאֵל רָאָה אֹתוֹ טוֹב׃ (5)

§14-4 練習問題　次の5つの文を日本語に訳しましょう。

(1) 彼は昨日休んだ。

הוּא שָׁבַת אֶתְמוֹל׃ (1)

(2) 彼女はそこに住んだ。

הִיא יָשְׁבָה שָׁם׃ (2)

(3) あなた（男性）は馬を売った。

מָכַרְתָּ סוּס׃ (3)

(4) あなた（女性）は律法を守った。

שָׁמַרְתְּ תּוֹרָה׃ (4)

(5) 私（両性）は正しくさばいた。

אֲנִי שָׁפַטְתִּי בְּצֶדֶק׃ (5)

§15-4 練習問題　次の５つの文を日本語に訳しましょう。

(1) その祭司はその男の人に手紙を書いた。　　　　　　　(1) כָּתַב הַכֹּהֵן סֵפֶר אֶל־הָאִישׁ:

(2) その女の人はその祭司に手紙を書いた。　　　　　　　(2) כָּתְבָה הָאִשָּׁה סֵפֶר אֶל־הַכֹּהֵן:

(3) あなた（男性）はその王に手紙を書いた。　　　　　　(3) אַתָּה כָּתַבְתָּ סֵפֶר אֶל־הַמֶּלֶךְ:

(4) あなた（女性）はその預言者に手紙を書いた。　　　　(4) אַתְּ כָּתַבְתְּ סֵפֶר אֶל־הַנָּבִיא:

(5) 私はその女の人に手紙を書いた。　　　　　　　　　　(5) אֲנִי כָּתַבְתִּי סֵפֶר אֶל־הָאִשָּׁה:

§16-4 練習問題　次の５つの文を日本語に訳しましょう。

(1) その男の人はその老人に手紙を書くであろう。　　　　(1) יִכְתֹּב הָאִישׁ סֵפֶר אֶל־הַזָּקֵן:

(2) その女の人はその王に手紙を書くであろう。　　　　　(2) כָּתֹב הָאִשָּׁה סֵפֶר אֶל־הַמֶּלֶךְ:

(3) あなた（男性）はその祭司に手紙を書くであろう。　　(3) אַתָּה תִּכְתֹּב סֵפֶר אֶל־הַכֹּהֵן:

(4) あなた（女性）はその預言者に手紙を書くであろう。　(4) אַתְּ תִּכְתְּבִי סֵפֶר אֶל־הַנָּבִיא:

(5) 私はその若者に手紙を書くであろう。　　　　　　　　(5) אֲנִי אֶכְתֹּב סֵפֶר אֶל־הַנַּעַר:

§17-3 練習問題　次の５つの文を日本語に訳しましょう。

(1) その（男の）人は彼らにらくだと馬を送った。　　　　(1) שָׁלַח הָאִישׁ גָּמָל וְסוּס לָהֶם:

(2) 私は馬とらくだを持っている。　　　　　　　　　　　(2) יֵשׁ לִי סוּס וְגָמָל:

(3) その王はひとりの祭司と預言者たちを殺した。　　　　(3) קָטַל הַמֶּלֶךְ כֹּהֵן וּנְבִיאִים:

(4) 私にはひとりの使者としもべたちがいる。　　　　　　(4) יֵשׁ לִי מַלְאָךְ וַעֲבָדִים:

(5) その人はユダとエドムへ行った。　　　　　　　　　　(5) הָלַךְ הָאִישׁ אֶל־יְהוּדָה וֶאֱדֹם:

§18-4 練習問題　次の５つの文を日本語に訳しましょう。

(1) サムエルはさばき、そして律法を守るであろう。　　　(1) יִשְׁפֹּט שְׁמוּאֵל וְשָׁמַר תּוֹרָה:

(2) その王はさばき、そして支配するであろう。　　　　　(2) יִשְׁפֹּט הַמֶּלֶךְ וּמָשַׁל:

(3) あなたがた（男性）はさばき、そして言うであろう。　(3) תִּשְׁפְּטוּ וַאֲמַרְתֶּם:

(4) その男の人はさばき、そして安息日を守った。　　　　(4) שָׁפַט הָאִישׁ וַיִּשְׁמֹר שַׁבָּת:

(5) その祭司は書き、そして言った。　　　　　　　　　　(5) כָּתַב הַכֹּהֵן וַיֹּאמֶר:

§19-9 練習問題　次のヘブライ語の文を読んで、それぞれの質問の答となる単語の記号を解答欄に記入しましょう。

$$\text{בְּרֵאשִׁית בָּרָא אֱלֹהִים אֵת הַשָּׁמַיִם וְאֵת הָאָרֶץ:}$$
　　　　(ホ)　　　　　　　(ニ)　　　　　　　(ハ)　　　(ロ)　　　(イ)

（1）	（2）	（3）	（4）	（5）
(イ)	(ハ)	(ホ)	(ニ)	(ロ)

§20-10 練習問題　次の5つの文を日本語に訳しましょう。

(1) これは主の律法である。
(This is the law of the Lord.)

(1) זֹאת תּוֹרַת יְהוָה:

(2) これらはその預言者のことばである。
(These are the words of the prophet.)

(2) אֵלֶּה דִּבְרֵי הַנָּבִיא:

(3) サウルのそのよい馬はどこにいるのか。
(Where are the good horses of Saul?)

(3) אֵי סוּסֵי שָׁאוּל הַטּוֹבִים:

(4) その町に、ある預言者の家がある。
(There is a house of a prophet in the city.)

(4) יֵשׁ בֵּית נָבִיא בָּעִיר:

(5) ノアのその家はその川の近くにある。
(The house of Noah is near the river.)

(5) בֵּית־נֹחַ אֵצֶל הַנָּהָר:

§21-10 練習問題　次の5つの文を日本語に訳しましょう。

(1) 私はあなたの神、主である。

(1) אָנֹכִי יְהוָה אֱלֹהֶיךָ:

(2) 私はその家にいる。

(2) אֲנִי בַּבָּיִת:

(3) 彼の名はインマヌエル（神は私たちと共にいる）である（イザヤ 7:14c）。

(3) שְׁמוֹ עִמָּנוּ אֵל:

(4) 彼はあなた（男性）の馬（単数）を思い出した。

(4) הוּא זָכַר אֶת־סוּסְךָ:

(5) この（男の）人は善良である。

(5) הָאִישׁ הַזֶּה טוֹב:

§22-5 練習問題　次の5つの文を日本語に訳しましょう。

(1) 彼は休むためにここに来る。

(1) יָבֹא פֹּה אֲשֶׁר יִשְׁבֹּת:

(2) その家の中にいるその（男の）人は若い。

(2) הָאִישׁ אֲשֶׁר בַּבַּיִת צָעִיר:

(3) その町にいるその（男の）人は金持ちである。

(3) הָאִישׁ אֲשֶׁר בָּעִיר עָשִׁיר:

(4) 彼がそこに住んだその場所は良い。

(4) הַמָּקוֹם אֲשֶׁר יָשַׁב שָׁם טוֹב:

(5) 彼がそこへ行ったその国はバビロニアである。

(5) הָאָרֶץ אֲשֶׁר הָלַךְ שָׁמָּה בָּבֶל:

§23-4 練習問題　次の7つの文を日本語に訳しましょう。

(1) 主はすべてのことをされる。

(1) פָּעַל יְהוָה כֹּל:

(2) その家はこわされた。

(2) נִשְׁבַּר הַבַּיִת:

(3) その（男の）人は、その家をぶちこわした。

(3) שִׁבַּר הָאִישׁ אֶת הַבַּיִת:

(4) その家はぶちこわされた。

(4) שֻׁבַּר הַבַּיִת:

(5) ダビデはソロモンにイスラエルを治めさせた。
（ダビデはソロモンをイスラエルの王にした。）

(5) הִמְלִיךְ דָּוִד אֶת־שְׁלֹמֹה עַל־יִשְׂרָאֵל:

(6) ソロモンはイスラエルの王にさせられた。

(6) הֻמְלַךְ שְׁלֹמֹה עַל־יִשְׂרָאֵל:

(7) その祭司は自分自身を徹底的に聖別した。

(7) הִתְקַדֵּשׁ הַכֹּהֵן:

§24-6 練習問題　次の5つの文を日本語に訳しましょう。

(1) 彼は私のために一軒の家を建ててくれた。

(1) הוּא בָּנָה לִי בָיִת:

(2) ダビデは彼らにお金を与えた。

(2) דָּוִד נָתַן לָהֶם כֶּסֶף:

(3) 彼は私にお金をくれた。

(3) הוּא נָתַן לִי כֶּסֶף:

(4) 主のことばは彼と共にある。

(4) יֵשׁ אִתּוֹ דְּבַר־יְהוָה:

(5) その地は形がなく何もない状態であった。

(5) הָאָרֶץ הָיְתָה תֹהוּ וָבֹהוּ:

§25-11 練習問題　次の 6 つの文を日本語に訳しましょう。

(1) 彼に書きおくりなさい。   (1) כְּתֹב לוֹ:

(2) 主こそ神であることを知りなさい。（詩 100:3）   (2) דְּעוּ כִּי־יְהוָה הוּא אֱלֹהִים:

(3) 主がイスラエルをさばきますように。   (3) יִשְׁפֹּט יְהוָה אֶת־יִשְׂרָאֵל:

(4) 大気があれ。（創 1:6）   (4) יְהִי רָקִיעַ:

(5) 主のわざを見るように。   (5) תִּרְאוּ אֶת־מַעֲשֵׂה יְהוָה:

(6) 私たちはその町へ行こう。   (6) נֵלְכָה הָעִירָה:

§26-8 練習問題　次の 5 つの文を日本語に訳しましょう。

(1) 彼はたしかに守った。   (1) שָׁמוֹר שָׁמַר:

(2) 彼は私の戒めを守りつづけた。   (2) שָׁמַר שָׁמוֹר אֶת־מִצְוֹתַי:

(3) 安息日を守りなさい。   (3) שָׁמוֹר אֶת־יוֹם הַשַּׁבָּת

(4) 彼は朗読するのが好きだった。   (4) אָהַב לִקְרֹא:

(5) その人は読むために座った。   (5) יָשַׁב הָאִישׁ לִקְרֹא:

§27-5 練習問題　次の 5 つの文を日本語に訳しましょう。

(1) その王はその宮に向かって歩く（歩いている）。   (1) הַמֶּלֶךְ הֹלֵךְ אֶל־הַהֵיכָל:

(2) その（男の）人は手紙を書いている。   (2) הָאִישׁ כֹּתֵב סֵפֶר:

(3) その女の人はその町に住んでいる。   (3) הָאִשָּׁה יֹשֶׁבֶת בָּעִיר:

(4) その王はすべての国々の支配者であった。   (4) הַמֶּלֶךְ הָיָה מוֹשֵׁל בְּכָל־הַמַּמְלָכוֹת:

(5) その書物を書いているその（男の）人はさばきつかさである。   (5) הָאִישׁ הַכֹּתֵב אֶת־הַסֵּפֶר שֹׁפֵט:

§28-7 練習問題　次の 5 つの文を日本語に訳しましょう。

(1) どうしてあなたは私をお見捨てになったのですか。（詩 22:2）   (1) לָמָה עֲזַבְתָּנִי:

(2) ダビデは彼を守った。   (2) שָׁמַר דָּוִד אֹתוֹ:

(3) ダビデは彼を守った。   (3) שְׁמָרוֹ דָּוִד:

(4) なぜダビデは彼を守ったのか。   (4) לָמָה שְׁמָרוֹ דָוִד:

(5) アブラハムは私（両性）を守った。   (5) שְׁמָרַנִי אַבְרָהָם:

§29-2 練習問題　次の 5 つの文を日本語に訳しましょう。

(1) 金は銀よりもよい。   (1) טוֹב זָהָב מִכֶּסֶף:

(2) あわれみは金よりもたいせつである。   (2) יָקָר חֶסֶד מִזָּהָב:

(3) その朝、その預言者はその町へ行った。   (3) וַיְהִי בַבֹּקֶר וַיֵּלֶךְ הַנָּבִיא אֶל־הָעִיר:

(4) 主がその預言者をつかわすとき、その預言者はその町に行くであろう。   (4) וְהָיָה כִּי יִשְׁלַח יְהוָה אֶת־הַנָּבִיא וְהָלַךְ הַנָּבִיא אֶל־הָעִיר:

(5) 主は 6 日で天と地とを造られた。（出エジプト記 31:17）   (5) שֵׁשֶׁת יָמִים עָשָׂה יְהוָה אֶת־הַשָּׁמַיִם וְאֶת־הָאָרֶץ:

付録

付録 1

索 引

《本文に関しての語句のセクション（§）箇所を表示しています。》

付録2　単語集（ヘブライ語－日本語）

凡例

（1）名：名詞、固：固有名詞、動：動詞、形：形容詞、前：前置詞、接：接続詞、代：代名詞、副：副詞、数：数詞、疑：疑問詞、否：否定詞、関：関係詞、感：感嘆詞を表す。

動詞の話態は、パ：パアル態、ニ：ニフアル態、ピ：ピエル態、プ：プアル態、ヒ：ヒフイル態、ホ：ホフアル態、ヒト：ヒトパエル態を表す。

（2）名詞の男性形には m（＜masculine gender）、女性形には f（＜feminine gender）、通性形(男女両性に通じる)には c（＜common gender)を付ける。

また動詞、形容詞にたいしては、女性形のみ、fを付ける。

（3）[　]内の単語は、パアル態であるが、聖書に用いられていないものである。

（4）ヘブライ文字の上の[⌣]はアクセントのしるしである。

א

אָב	[名m]	父
אֶבֶן	[名f]	石
אַבְרָהָם	[固m]	アブラハム（男性名）
אַבְרָם	[固m]	アブラム（男性名）
אָדוֹן	[名m]	主人
אָדָם	[名m]	人間、アダム
אֲדָמָה	[名f]	土地
אֲדֹנָי	[名m]	主人;主(イスラエルの神の名)
אָהֵב	[動]	愛する、好む、欲する
אֹהֶל	[名m]	幕屋、テント
אַהֲרֹן	[固m]	アロン（男子名）
אוֹ	[接]	あるいは
אוֹר	[名m]	光
אוֹת	[名m]	しるし
אָז	[副]	その時
אֹזֶן	[名f]	耳
אָזְנַיִם	[名f]	双方の耳 [אֹזֶןの双数形]
אָח	[名m]	兄弟、兄

א

אֶחָד	[数m]	一つ（の）
אָחוֹת	[名f]	姉妹
אֲחָיוֹת	[名f]	姉妹 [אָחוֹתの複数形]
אַחִים	[名m]	兄弟、兄 [אָחの複数形]
אַחֵר	[形]	他の
אַחַר	[前]	〜の後に
אַחַת	[数f]	一つ（の）
אֵי	[疑・副]	どこに（where〜？）
אַיֵּה	[疑・副]	どこに、どこへ
אִיּוֹב	[固m]	ヨブ（男性名）
אַיִל	[名m]	雄羊
אַיִן	[名m]	無、[副]〜がない
אִישׁ	[名m]	男、夫
אָכַל	[動]	食べる
אֹכֶל	[名m]	食物
אָכְלָה	[名f]	食物
אַל	[否]	〜でない(指示形と共に)
אֶל	[前]	〜に向かって、〜に

אֵל [名m] 神

אֵלִי [名m] わが神

אֵלֶּה [代c] これらは、これらの

אֱלֹהִים [名m] 神（אֱלוֹהַ [ʾelô'ah] の複数形）

אֶלֶף [名m] 牛

אֵלָיו [前] 彼にたいして

אֵלִיָּהוּ [名m] エリヤ（男性名）

אִם [接] もし〜ならば

אֵם [名f] 母

אַמָּה [名f] キュビト

אָמַן [動] 信用がある

אָמַר [動] 言う

אִמְרָה [名f] ことば、（語られる）ことば

אֱמֶת [名f] 真理、真実

אֲנַחְנוּ [代c] 私たちは

אֲנִי [代c] 私は

אֳנִיָּה [名f] 船

אָנֹכִי [代c] 私、私自身

אֲנָשִׁים [名m] 男［אִישׁの複数形］

אֵצֶל [前] 〜の近くに

אֲרִי [名m] ライオン、獅子

אֶרֶץ [名f] 地

אֵשׁ [名c] 火

אִשָּׁה [名f] 女、妻

אֲשֶׁר [関] 〜ところの

אֶת־,אֵת [前]〜を［אֵתはאֶת־よりもその後の語を強調する］

אֵת [前] 〜を、〜共に

אַתְּ [代f] あなたは

אֹתָהּ [代f] 彼女を

אַתָּה [代m] あなたは

אִתִּי (〜と共に)［י］は、そこに代名詞がつく意味

אֹתְךָ [代m] あなたを

אִתִּי [前+代] 私と共に

אֹתִי [前+代] 私を

אַתֶּם [代m] あなたがたは

אֶתְמוֹל [副] 昨日

אַתֵּן [代f] あなたがたは

(אַתֵּנָה) [代f] あなたがたは

אִתּוֹ [前+代] 彼と共に

אֹתוֹ [代m] 彼を

בְּ [前] 〜の中に、〜によって

בָּא [動] 来る(<בּוֹא)

בְּאֵר [名f] 井戸（わき水の）

בָּבֶל [固f] バビロニア［国］、その都市バビロン バベル(創世記11:9の都市名)

בֶּגֶד [名m] 衣服、長い上着

בָּדַל [動] 分れる、分ける

בֹּהוּ [名m] 無

בְּהֵמָה [名f] 家畜

בָּחַר [動] 選ぶ

בֵּין [前] の間に

בַּיִת [名m] 家

בִּלְתִּי [否] しない

בֵּן [名m] 息子

בָּנָה [動] 建てる

בָּעַר [動] 燃える

בָּצָל [名m] 玉ねぎ

בֹּקֶר [名m] 朝

בָּקַשׁ [動] たずね求める

בָּרָא [動] 創造する

בְּרִית [名f] 契約

בָּרַךְ [動] 祝福する

בָּשָׂר [名m] 肉、肉体

בַּת [名f] 娘

ג

גָּאַל	[動]	あがなう
גָּבִיעַ	[名m]	杯
גִּבְעָה	[名f]	丘
גָּדוֹל	[形]	大きい、偉大な
גָּדַל	[動]	偉大である、大きくなる
גָּג	[名m]	屋根
גָּלָה	[動]	あらわにする、示す、あらわす
גֻּלָּה	[名f]	井戸
גַּם	[副]	〜もまた；ほんとうに
גָּמָל	[名c]	らくだ
גַּן	[名c]	園、庭
גָּנַב	[動]	盗む
גֵּר	[名m]	外国人、寄留者

ד

דָּבָר	[名m]	ことば、事、物
דָּבַר	[動]	語る
דִּבֶּר, דִּבֵּר	[動 ピ]	語る
דְּבַשׁ	[名m]	蜂蜜
דָּג	[名m]	魚
דָּוִד	[固m]	ダビデ（男性名）
דַּל	[形]	貧しい
דֶּלֶת	[名f]	ドア、戸
דָּם	[名m]	血
דַּעַת	[名f]	知識
דַּר	[名m]	真珠
דֶּרֶךְ	[名c]	道、旅

ה

הַ‏ֹ-	[接]	〜の方に
הֲ-	[疑]	疑問接頭辞
הֶבֶל	[固m]	アベル（男性名）
הוּא	[代m]	彼は、彼自身、あれは
הִיא	[代f]	彼女は、彼女自身、あれは
הָיוּ	[動]	(彼らは)〜(に)いた；〜であった
הָיָה	[動]	(彼は)〜(に)いた；〜であった
הֵיכָל	[名c]	神殿、宮殿
הָיְתָה	[動f]	(それは)〜であった
הָלַךְ	[動]	歩く、行く
הַלְלוּ־יָהּ	[動]	ハレルヤ (あなたがたは)主を賛めよ
הֵם	[代m]	彼らは、彼ら自身、あれらは
הֵמָּה	[代m]	彼らは、彼ら自身、あれらは
הֵן	[感]	見よ
הֵנָּה	[副]	ここへ
הָפַךְ	[動]	回転する
הַר	[名m]	山
הַרְבּוֹת	[副]	多く [רָבָה (ふえる)の ヒ合成不定詞の副詞的用法]

ו

וְ	[接]	そして、しかし
וַיֹּאמֶר	[動]	そして彼は言った
וַיְהִי	[動]	そして…あった

ז

זֹאת [代f] これは

זָבַח [動] 犠牲を献げる

זֶבַח [名m] 犠牲

זֶה [代m] これは

זָהָב [名m] 金

זָכַר [動] 思い出す、覚える

זָכָר [名m] 男

זָקֵן [形・名m] 年老いた、古い 老人、長老
[動] 老いる

זְקֵנָה [名f] 老女

זֶרַע [名m] 種、子孫

ח

חָבָא [動] 隠す

חָבֵר [名c] 友人

חַג [名m] 祭り

חָדָשׁ [形] 新しい、若い

חַוָּה [固f] エバ(最初の女性)

חוֹל [名m] 砂

חוֹמָה [名f] 壁 [短縮形 חֹמָה]

חוֹתָם [名m] 印鑑

חָזַק [動] パ 強い(to be strong)

חָזָק [形] 強い(strong)

חָטָא [動] 罪を犯す

חֵטְא [名m] 罪

חַטָּאת [名f] 罪

חַי [名・形] いのち、生きている

חָיָה [動] 生きる

חַיָּה [名f] 生き物、獣 [合成形 חַיַּת]

חַיִל [名m] 力、軍隊、勇気 [休止形 חָיִל]

ח

חָכָם [形・名m] 賢い、賢人

חָכַם [動] 賢い

חָכְמָה [名f] 知恵、知識、経験

חָלָה [動] 病気になる

חֲלוֹם [名m] 夢

חַלּוֹן [名c] 窓

חֳלִי [名m] 病気

חֹמָה [名f] 壁

חֲמוֹר [名m] ろば

חֹמֶר [名m] 粘土

חֲנוֹךְ [固m] エノク（男性名）

חַנּוּן [形] 恵み深い

חֶסֶד [名m] いつくしみ、親切、愛

חָסֵר [動] 欠ける、乏しい

חֶרֶב [名f] 剣、刀

חֹשֶׁךְ [名m] 暗やみ

ט

טַבָּח [名m] 料理人

טָהוֹר [形] 清浄な

טוֹב [形・名m] 良い、美しい、善
[動] 善良である

טוֹבָה [形f・名f] 良い、美しい、美

טָמֵא [形・動] 不浄な、けがれている

טֻמְאָה [名f] 汚れ

יָד	[名f]	手
יָדַע	[動]	知る
יְהוּדָה	[固m]	ユダ（地名;男性名）
יְהוּדִי	[名m]	ユダヤ人
יְהֹוָה	[名]	主（その発音は[ィナどア]）
יְהוֹשֻׁעַ	[固]	ヨシュア（男性名）
יְהִי	[動]	[指示形]～であれ
יוֹם	[名m]	日、昼
יוֹסֵף	[固m]	ヨセフ（男性名）
יֶחֱטָא	[動]	(חָטָא 罪を犯す) の未完男単
יָטַב	[動]	良い(状態である)
יַיִן	[名m]	ぶどう酒
יָלַד	[動]	出産する、産む
יֶלֶד	[名m]	赤子、子供、男の子
יָלַךְ	[動]	行く、歩く
יָם	[名m]	海
יָמִים	[名m]	日 [יוֹם の複数形]
יַעַן	[前]	～のために יַעַן אֲשֶׁר [前+関]、～だから
יַעֲקֹב	[固m]	ヤコブ（男性名）
יָפֶה	[形]	美しい（יָפָה f）
יִצְחָק	[固m]	イサク（男性名）
יָצַר	[動]	形造る
יָקָר	[形]	貴重な、重々しい
יָרֵא	[動]	恐れる、敬う
יַרְדֵּן	[固]	ヨルダン（河川名）
יְרוּשָׁלַיִם	[固m]	エルサレム（都市名）
יָרֵחַ	[名m]	月
יְרִיחוֹ	[固]	エリコ（地名）
יִרְמְיָהוּ	[固m]	エレミヤ（男性名）
		[参考][— フヤメルイ]
יֵשׁ	[名m]	存在（～がいる、～がある）

יָשַׁב	[動]	座る、住む、とどまる
יֹשֵׁב	[動]	[分詞] 座っている(<יָשַׁב)
יָשְׁבָה	[動f]	住む（יָשַׁב の完3女単）
יָשֵׁן	[動]	眠る
יֵשַׁע	[名m]	救い
יְשׁוּעָה	[名f]	救い
יָשָׁר	[形]	正しい、正直な、高潔な
יִשְׂרָאֵל	[固]	イスラエル（国名）、ヤコブの別名
יִשְׂרְאֵלִי	[固m]	イスラエル人

כְּ	[前]	～のように、～として
כַּאֲשֶׁר	[前+関]	～するとき、～するように
כָּבֵד	[形・動]	重い、裕福である
כָּבוֹד	[名m]	栄光、栄誉、重さ
כֹּה	[副]	このように
כֹּהֵן	[名m]	祭司
כּוֹכָב	[名m]	星
כִּי	[接]	なぜなら、～だから、まことに
כָּל-, כֹּל	[名・形]	すべて（の）
כָּלֵב	[固]	カレブ（男性名）
כַּמָּה	[疑]	どのくらい（数量、期間）
כֵּן	[副・形]	そのように、正しく；正直な、正しい
כְּנַעַן	[固m]	カナン [地名]
כִּסֵּא	[名m]	座、王座、席
כַּף	[名f]	手のひら
כֶּסֶף	[名m]	銀、金銭
כָּפַר	[動]	隠す、償う、贖う
כָּרַת	[動]	切る
כֶּרֶם	[名m]	ぶどう園
כָּרַת	[動]	切る、(契約を)結ぶ
כָּתַב	[動]	書く

לְ־	[前] ～のために、～に向かって、～として
לֹא	[副] ～でない（否定）
לֵב, לֵבָב	[名m] 心、意志；心臓
לָחַם	[動] 戦う
לֶחֶם	[名m] パン
לַיְלָה	[名m] 夜
לֵךְ	[動] 行きなさい [命令2男単]
לְכֻלָּם	[副] 彼ら皆にとって [לְ+כָּל+ם ♀]
לָמַד	[動] 学ぶ、習う
לָמָּה	[副] なぜ [לְ+מָה]
לֶמֶךְ	[固m] レメク（男性名）
לָנוּ	[前+代] 私たちに [לְ+נוּ]
לְעוֹלָם	[副] とこしえに [לְ+עוֹלָם]
לִפְנֵי	[前] ～の前に
לָקַח	[動] 取る
לָקַחְתָּ	[動] [完2男単<לָקַח]

מְאֹד	[副] 非常に、大変
מַבּוּל	[名m] 洪水
מָגֵן	[名c] 盾
מִדְבָּר	[名m] 荒野、砂漠
מָה	[疑] 何
מֶה, מַה־	[疑] 何
מוּת	[動] 死ぬ
מָוֶת	[名m] 死
מִזְמוֹר	[名m] 歌、賛歌
מָחָר	[名m・副] 翌朝、明日
מָחֳרָת	[名f・副] 翌日、明日 [mòhoráth]
מִי	[疑] 誰か

מַיִם	[名m] 水
מֵי	[名m] מַיִםの合成形
מִין	[名m] 種類
מָכַר	[動] 売る
מָכַרְתָּ	[動] מָכַרの完2男単
מִכְתָּב	[名m] 書状
מָלֵא	[動] 満ち足りている
מַלְאָךְ	[名m] 使者、御使い、天使
מָלַךְ	[動] 治める、王である
מֶלֶךְ	[名m] 王
מַלְכָּה	[名f] 王妃
מְלָכִים	[名m] 王 [מֶלֶךְの複数]
מַמְלָכָה	[名f] 王国
מָן	[名m] マナ
מִן, מִן־	[前] ～から
מָעֳמָד	[動] [分] 支えられている（עָמַד「立つ」の ホ の分詞）
מַעַן	[名m] 目的
מַעֲשֶׂה	[名m] 行為
מָצָא	[動] 見いだす、見つける、思い出す
מִצְוָה	[名f] 命令、戒め
מִצְרִי	[固] エジプト人
מִצְרַיִם	[固] エジプト
מָקוֹם	[名m] 場所
מַרְאֶה	[名m] 光景
מֶרְכָּבָה	[名f] 戦車
מֹשֶׁה	[固m] モーセ（男性名）
מָשִׁיחַ	[名m] メシア(救い主)
מִשְׁכָּן	[名m] 幕屋、住宅
מָשַׁל	[動] 治める、支配する
מִשָּׁם	[副] そこから [מִן+שָׁם]
מִשְׁפָּט	[名m] 審判

נ

נָא	[副]	どうか（願い）、さあ、今
נָבִיא	[名m]	預言者
נֶגֶב	[固m]	ネゲブ(地名)
נָהָר	[名m]	川
נֹחַ	[固m]	ノア（男性名）
נָחָשׁ	[名m]	蛇
נִינְוֵה	[固]	ニネベ（地名）
נֶכֶד	[名m]	子孫
נָעֳמִי	[固f]	ナオミ（女性名）
נַעַר	[名m]	少年、若者
נַעֲרָה	[名f]	少女、娘
נָפַל	[動]	落ちる、倒れる
נֶפֶשׁ	[名f]	魂、人、息、命
נְקֵבָה	[名f]	女
נָשִׁים	[名f]	女 [אִשָּׁהの複数]
נָתָן	[固]	ナタン（男性名）
נָתַן	[動]	与える、～を～にする

ס

סָבַב	[動]	囲む、巡る、向く
סוּס	[名m]	馬
סוּר	[動]	それる、捨てる、出発する
סֶלַע	[名m]	岩
סָפַר	[動]	数える、書く、語る
סֹפֵר	[名m]	写字生、書記
סְפָר	[名m]	人口調査
סֵפֶר	[名m]	手紙、書、本

ע

עֶבֶד	[名m]	奴隷、しもべ
עֲבוֹדָה	[名f]	働き、奉仕、礼拝
עִבְרִי	[名m]	ヘブライ人(男性)
עַד	[前・接]	（時、場所）～まで、～する間
עוֹד	[副]	常に、再び、まだ、なお、他に
עוֹלָם	[名m]	長期間、永遠
עֹז, עֹז	[名m]	力
עָזַב	[動]	見捨てる
עַיִן	[名f]	眼、泉
עִיר	[名f]	町
עַל	[前]	～の上に、～の上方に
עָלָה	[動]	上がる、のぼる
עֶלְיוֹן	[形]	高い、上の
עַל־כֵּן	[前+副]	それゆえに
עַם, עַם	[名m]	民
עִם	[前]	～と共に
עָמַד	[動]	立つ
עָפָר	[名m]	ちり、ほこり
עֵץ	[名m]	木
עֶרֶב	[名m]	夕方
עָרוּם	[形]	ずる賢い
עָשָׂה	[動]	造る、行う
עֵשָׂו	[固m]	エサウ（男性名）
עָשִׁיר	[形]	裕福な
עֵת	[名f]	時（よい）、季節
עַתָּה	[副]	今

פ

פֶּה　［名**m**］口(くち)

פֹּה　［副］ここに

פָּנִים　［名**m**］顔[複数のみ]

פֶּסַח　［名**m**］過越祭

פָּעַל　［動］行う、する

פַּרְעֹה　［固**m**］ファラオ(エジプトの王の称号)

פָּתַח　［動］開く

צ

צַדִּיק　［形］正しい、義なる

צָדַק　［動］正しい

צֶדֶק　［名**m**］正義、義

צִוָּה　［動ピ］命令する［<צָוָה カル形不使用］

צֶלֶם　［名**m**］かたち、偶像

צָעִיר　［形］若い

צָפוֹן　［名**c**］北

ק

קָבַץ　［動］集める

קֶבֶר　［名**m**］墓

קָדוֹשׁ　［形］聖なる、聖い

קָדַשׁ　［動］聖である

קֹדֶשׁ　［名**m**］聖、聖さ

קִדֵּשׁ　［動ピ］聖別する［<קָדַשׁ］

קָהָל　［名**m**］会衆、集まり

קֹהֶלֶת　［名**m**］伝道者

קוֹל　［名**m**］声、音

קוּם　［動］起きる、立ち上がる

（קָם<קוּם完了 ; קוּם命令）

ק

קוֹף　［名**m**］猿

קָטַל　［動］殺す

קָטֹן　［形］小さい、若い

קְטַנָּה　［形**f**］小さい

קָם　［動］קוּם (起きる) [参照]

קַר　［形］冷たい

קָרָא　［動］呼ぶ、朗読する

קִרְיָה　［名**f**］町、市

קָשֶׁה　［形］むずかしい

ר

רָאָה　［動］見る

רֹאשׁ　［名**m**］頭

רִאשׁוֹן　［形］最初の、第1の

רֵאשִׁית　［名**f**］初め

רַב　［形］多くの、偉大な

רָבָה　［動］増える

רוּחַ　［名**f**］息、霊、風

רַחוּם　［形］あわれみ深い

רָחֵל　［固**f**］ラケル（女性名）

רָחַף　［動］おおう、かわいがる

רַע　［形・名］悪い、悪人

רָעֵב　［動］空腹である

רֹעֶה　［名**m**］羊飼い

רָצַח　［動］殺す

רָקִיעַ　［名**m**］大空、大気

רָשָׁע　［形］悪い

רִשְׁעָה　［名**f**］悪、悪事

שָׂדֶה [名m] 野原、平野

שָׂפָה [名f] 唇、言語

שָׂרָה [固f] サラ（女性名）

שָׂרַי [固f] サライ（女性名）

שָׁאוּל [固f] サウル（男性名）

שְׁבִיעִי [序数m] 7番目の、第7の

שָׁבַר [動] 砕く、壊す

שָׁבַת [動] 休む

שַׁבָּת [名c] 安息日

שִׁיר [名m] 歌

שָׁכַח [動] 忘れる

שָׁלוֹם [名m] 平安、平和

שָׁלַח [動] 送る

שֻׁלְחָן [名m] 机、テーブル

שְׁלֹמֹה [固m] ソロモン（男性名）

שֵׁם [名m] 名前

שָׁם [副] そこで、そこに

שָׁמָּה [副] そこへ

שְׁמוּאֵל [固m] サムエル（男性名）

שָׁמַיִם [名m] 天

שָׁמֵן [動] 太っている

שֶׁמֶן [名m] 油

שָׁמַע [動] 聞く、従う

שְׁמַע [動] 聞け［命令2男単］

שָׁמַר [動] 守る、見守る、注目する

שֹׁמֵר [名m] 見張り人

שֶׁמֶשׁ [名c] 太陽

שִׁמְשׁוֹן [固m] サムソン（男性名）

שֵׁן [名m] 歯

שָׁנָה [名f] 年

שְׁנַיִם [数m] 2

שַׁעַר [名m] 門

שָׁפַט [動] 審判する、裁く

שֹׁפֵט [名m] さばきつかさ、士師

שֶׁקֶל [名m] シケル(貨幣の単位)、重さの単位

שֹׁרֶשׁ [名m] 根

שֵׁשׁ [数m] 6(の)

שָׁתָה [動] 飲む

תֵּבֵל [名f] 世界

תֹּהוּ [名m] 空白（何もないこと）

תְּהוֹם [名c] 大水、深淵

תְּהִלָּה [名f] 詩、賛歌

תּוֹדָה [名f] 感謝

תּוֹרָה [名f] 教え、律法、戒め

תֵּלֵךְ [動] 行く［未完2男単＜הָלַךְ］

תָּמִיד [副] いつも

תָּמִים [形] 完全な［f תְּמִימָה］

תִּפְאֶרֶת [名f] 美

[注]　[形] は [形m] のことで男性形の意

ア行

□愛する、好む、欲する [動] אָהַב [男性単数完了]

□赤子、子供、男の子 [名m] יֶלֶד

□上がる、のぼる [動] עָלָה

□悪、悪事 [名f] רִשְׁעָה

□朝 [名m] בֹּקֶר

□悪人 [名m] רַע

□与える、～を～にする [動] נָתַן

□頭 [名m] רֹאשׁ

□人間、アダム [名m] אָדָם

□新しい、若い [形] חָדָשׁ

□集める [動] קָבַץ

□あがなう [動] גָּאַל

□あなたがた(女性)は [代f] אַתֵּנָה, אַתֵּן

□あなたがた(男性)は [代m] אַתֶּם

□あなた(女性)は [代f] אַתְּ

□あなた(男性)は [代m] אַתָּה

□あなた(男性)を [代m] אֹתְךָ

□油 [名m] שֶׁמֶן

□アブラハム（男性名）[固m] אַבְרָהָם

□アブラム　（男性名）[固m] אַבְרָם

□アベル（男性名）[固m] הֶבֶל

□あらわにする、示す、あらわす [動] גָּלָה

□あるいは [接] אוֹ

□歩く、行く [動] הָלַךְ

□アロン（男子名）[固m] אַהֲרֹן

□あわれみ深い [形] רַחוּם

□安息日 [名c] שַׁבָּת

□言う [動] אָמַר

ア行

□家 [名m] בַּיִת

□息、霊、風 [名f] רוּחַ

□行きなさい [命令2男単] [動] לֵךְ

□生き物、獣 [合成形] חַיַּת [名f] חַיָּה

□生きる [動] חָיָה

□行く、歩く [動] יָלַךְ

□イサク（男性名）[固m] יִצְחָק

□石 [名f] אֶבֶן

□イスラエル(国名)、ヤコブの別名　[固] יִשְׂרָאֵל

□イスラエル人 [固m] יִשְׂרָאֵלִי

□偉大である、大きくなる [動] גָּדַל

□いつくしみ、親切、愛 [名m] חֶסֶד

□いつも [副] תָּמִיד

□井戸 [名f] גֻּלָּה

□井戸（わき水の）[名f] בְּאֵר

□いのち、生きている [名・形] חַי

□衣服、長い上着 [名m] בֶּגֶד

□今 [副] עַתָּה

□戒め [名f] מִצְוָה

□岩 [名m] סֶלַע

□印鑑 [名m] חוֹתָם

□牛 [名m] אֶלֶף

□歌 [名m] שִׁיר

□歌、賛歌 [名m] מִזְמוֹר

□美しい[形] יָפֶה　יָפָה f

□馬 [名m] סוּס

□海 [名m] יָם

□売る [動] מָכַר

מָכַרְתָּ の完2男単 [動] מָכַר

ア行

□栄光、栄誉、重さ [名m] כָּבוֹד

□エサウ（男性名）[固m] עֵשָׂו

□エジプト [固m] מִצְרַיִם

□エジプト人 [固m] מִצְרִי

□エノク（男性名）[固m] חֲנוֹךְ

□エバ(最初の女性) [固f] חַוָּה

□選ぶ [動] בָּחַר

□エリコ（地名）[固m] יְרִיחוֹ

□エリヤ（男性名）[名m] אֵלִיָּהוּ

□エルサレム（都市名）[固m] יְרוּשָׁלַיִם

□エレミヤ（男性名）[参考] [固m] יִרְמְיָהוּ

右から発音←
[ーフヤメルイ]

□老いる [動] זָקֵן

□王 [名m] מֶלֶךְ [複数] מְלָכִים

□王国 [名f] מַמְלָכָה

□王妃 [名f] מַלְכָּה

□おおう、かわいがる [動] רָחַף

□大きい、偉大な [形] גָּדוֹל

□多くの、偉大な [形] רַב

□大空、大気 [名m] רָקִיעַ

□大水、深淵 [名c] תְּהוֹם

□丘 [名f] גִּבְעָה

□起きる、立ち上がる [動] קוּם

□送る [動] שָׁלַח

□行う、する [動] פָּעַל

ア行

□治める、支配する [動] מָשַׁל

□教え、律法、戒め [名f] תּוֹרָה

□恐れる、敬う [動] יָרֵא

□落ちる、倒れる [動] נָפַל

□男 [名m] זָכָר

□男、夫 [名m] אִישׁ

□雄羊 [名m] אַיִל

□重い、裕福である [形・動] כָּבֵד

□思い出す、覚える [動] זָכַר

□女 [名f] נְקֵבָה

□女、妻 [名f] אִשָּׁה

カ行

□外国人、寄留者 [名m] גֵּר

□会衆、集まり [名m] קָהָל

□回転する [動] הָפַךְ

□顔[複数のみ] [名m] פָּנִים

□書く [動] כָּתַב

□隠す [動] חָבָא

□隠す、償う、贖う [動] כָּפַר

□欠ける、乏しい [動] חָסֵר

□囲む、巡る、向く [動] סָבַב

□賢い [動] חָכַם

□賢い [形]、賢人 [名m] חָכָם

□風 [名f] רוּחַ

□数える、書く、語る [動] סָפַר

□かたち、偶像 [名m] צֶלֶם

□形造る [動] יָצַר

□語る [動] דִּבֵּר

□家畜 [名f] בְּהֵמָה

□～がない [副] אֵין

□カナン [地名] [固m] כְּנַעַן

□彼女は、彼女自身、あれは [代f] הִיא

□彼女を [代f] אֹתָהּ

□壁 [名f] חוֹמָה [短縮形 חֹמַה]

□神 [名m] אֵל

□神 [名m] אֱלֹהִים

□～から [前] מִן, מִן־

□彼は、彼自身、あれは [代m] הוּא

□(彼は)～(に)いた；～であった [動] הָיָה

□カレブ（男性名）[固m] כָּלֵב

□彼らは、彼ら自身、あれらは [代m] הֵמָּה, הֵם

□(彼らは)～(に)いた；～であった [動] הָיוּ

□川 [名m] נָהָר

□感謝 [名f] תּוֹדָה

□完全な [形] תָּמִים [f תְּמִימָה]

□木 [名m] עֵץ

□聞く、従う [動] שָׁמַע

□聞け [命令2男単] [動] שְׁמַע

□犠牲 [名m] זֶבַח

□犠牲を献げる [動] זָבַח

□北 [名c] צָפוֹן

□貴重な、重々しい [形] יָקָר

カ行

□昨日 [副] אֶתְמוֹל

□キュビト [名f] אַמָּה

□兄弟、兄 [名m] אָח [複 אַחִים]

□切る、(契約を)結ぶ [動] כָּרַת

□金 [名m] זָהָב

□銀、金銭 [名m] כֶּסֶף

□空白（何もないこと）[名m] תֹּהוּ

□空腹である [動] רָעֵב

□砕く、壊す [動] שָׁבַר

□口(くち) [名m] פֶּה

□唇、言語 [名f] שָׂפָה

□暗やみ [名m] חֹשֶׁךְ

□来る [動] בָּא (<בּוֹא)

□契約 [名f] בְּרִית

□汚れ [名f] טֻמְאָה

□行為 [名m] מַעֲשֶׂה

□光景 [名m] מַרְאֶה

□洪水 [名m] מַבּוּל

□荒野、砂漠 [名m] מִדְבָּר

□声、音 [名m] קוֹל

□ここに [副] פֹּה

□ここへ [副] הֵנָּה

□心、意志；心臓 [名m] לֵבָב, לֵב

□ことば、(語られる)ことば [名f] אִמְרָה

□ことば、事、物 [名m] דָּבָר

□このように [副] כֹּה

□これは [代f] זֹאת

□これは [代m] זֶה

□これらは、これらの [代c] אֵלֶּה

□殺す [動] רָצַח

□殺す [動] קָטַל

□座、王座、席 [名m] כִּסֵּא

□祭司 [名m] כֹּהֵן

□最初の、第1の [形] רִאשׁוֹן

□サウル（男性名）[固f] שָׁאוּל

□魚 [名m] דָּג

□さばきつかさ、士師 [名m] שׁוֹפֵט, [短縮形] שֹׁפֵט

□サムエル（男性名）[固m] שְׁמוּאֵל

□サムソン（男性名）[固m] שִׁמְשׁוֹן

□サラ（女性名）[固f] שָׂרָה

□サライ（女性名）[固f] שָׂרַי

□猿 [名m] קוֹף

□詩、賛歌 [名f] תְּהִלָּה

□死 [名m] מָוֶת

□シケル(貨幣の単位)、重さの単位 [名m] שֶׁקֶל

□使者、御使い、天使 [名m] מַלְאָךְ

□子孫 [名m] נֶכֶד

□種、子孫 [名m] זֶרַע

□〜しない [否] בִּלְתִּי

□死ぬ [動] מוּת

□姉妹 [名f] אָחוֹת [複] אֲחָיוֹת

□写字生、書記 [名m] סֹפֵר

□主 [名] יְהוָה（その発音は[ィナどァ]）

□祝福する [動] בֵּרַךְ

□主人 [名m] אָדוֹן

□主人;主(イスラエルの神の名) [名m] אֲדֹנָי

□出産する、産む [動] יָלַד

□種類 [名m] מִין

□少女、娘 [名f] נַעֲרָה

□少年、若者 [名m] נַעַר

□食物 [名f] אָכְלָה

□食物 [名m] אֹכֶל

□書状 [名m] מִכְתָּב

□知る [動] יָדַע

□しるし [名m] אוֹת

□人口調査 [名m] סֵפֶר

□真珠 [名m] דַּר

□神殿、宮殿 [名c] הֵיכָל

□審判 [名m] מִשְׁפָּט

□審判する、裁く [動] שָׁפַט

□信用がある [動] אָמַן

□真理、真実 [名f] אֱמֶת

□心臓 [名m] לֵבָב, לֵב

□過越祭 [名m] פֶּסַח

□救い [名f] יְשׁוּעָה

□救い [名m] יֵשַׁע

□砂 [名m] חוֹל

□すべて(の) [名・形] כָּל-,כֹּל

□ずる賢い [形] עָרוּם

□座っている[分詞] יֹשֵׁב (<יָשַׁב)

□座る、住む、とどまる [動] יָשַׁב

□聖、聖さ [名m] קֹדֶשׁ

□正義、義 [名m] צֶדֶק

□清浄な [形] טָהוֹר

□聖である [動] קָדַשׁ

□聖なる、聖い [形] קָדוֹשׁ

□聖別する [動ピ] קִדֵּשׁ (<קָדַשׁ)

サ行

- □世界 [名f] תֵּבֵל
- □戦車 [名f] מֶרְכָּבָה
- □善良である [動] טוֹב
- □創造する [動] בָּרָא
- □そこから [副] מִשָּׁם [מִן+שָׁם]
- □そこで、そこに [副] שָׁם
- □そこへ [副] שָׁמָּה
- □そして、しかし [接] וְ
- □そして…あった [動] וַיְהִי
- □そして彼は言った [動] וַיֹּאמֶר
- □園、庭 [名c] גַּן
- □その時 [副] אָז
- □それゆえに [前+副] עַל־כֵּן
- □それる、捨てる、出発する [動] סוּר
- □ソロモン（男性名）[固m] שְׁלֹמֹה
- □存在（〜がいる、〜がある）[名m] יֵשׁ

タ行

- □太陽 [名c] שֶׁמֶשׁ
- □高い、上の [形] עֶלְיוֹן
- □たずね求める [動] בָּקֵשׁ
- □戦う [動] לָחַם
- □正しい [動] צָדַק
- □正しい、義なる [形] צַדִּיק
- □正しい、正直な、高潔な [形] יָשָׁר
- □そのように、正しく [副]；正直な、正しい [形] כֵּן
- □立つ [動] עָמַד
- □盾 [名c] מָגֵן
- □建てる [動] בָּנָה

タ行

- □種、子孫 [名m] זֶרַע
- □ダビデ（男性名）[固m] דָּוִד
- □食べる [動] אָכַל
- □魂、人、息、命 [名f] נֶפֶשׁ
- □玉ねぎ [名m] בָּצָל
- □民 [名m] עַם, עָם
- □誰か [疑] מִי
- □血 [名m] דָּם
- □地 [名f] אֶרֶץ
- □小さい [形f] קְטַנָּה
- □小さい、若い [形] קָטֹן
- □知恵、知識、経験 [名f] חָכְמָה
- □力 [名m] עֹז, עָז
- □力、軍隊、勇気 [名m] חַיִל [休止形]
- □知識 [名f] דַּעַת
- □父 [名m] אָב
- □長期間、永遠 [名m] עוֹלָם
- □ちり、ほこり [名m] עָפָר
- □月 [名m] יָרֵחַ
- □机、テーブル [名m] שֻׁלְחָן
- □造る、行う [動] עָשָׂה
- □常に、再び、まだ、なお、他に [副] עוֹד
- □罪 [名f] חַטָּאת
- □罪 [名m] חֵטְא
- □罪を犯す [動] חָטָא
- □冷たい [形] קַר
- □強い(to be strong) [動] パ חָזַק
- □強い(strong) [形] חָזָק
- □剣、刀 [名f] חֶרֶב

タ行	ナ行

タ行

□手 [名f] יָד

□(それは)〜であった [動f] הָיְתָה

□〜であれ[動] [指示形] יְהִי

□手紙、書、本 [名m] סֵפֶר

□〜でない(指示形と共に) [否] אַל

□〜でない（否定） [副] לֹא

□手のひら [名f] כַּף

□天 [名m] שָׁמַיִם

□伝道者 [名m] קֹהֶלֶת

□ドア、戸 [名f] דֶּלֶת

□どうか（願い）、さあ、今 [副] נָא

□時 （よい）、季節 [名f] עֵת

□とこしえに [副] לְעוֹלָם [ל+עוֹלָם]

□どこに（where〜？） [疑・副] אֵי

□どこに、どこへ [疑・副] אַיֵּה

□年 [名f] שָׁנָה

□年老いた、古い [形]・老人、長老 [名m] זָקֵן

□土地 [名f] אֲדָמָה

□〜と共に [前] עִם

□どのくらい （数量、期間） [疑] כַּמָּה

□取る [動] לָקַח

□奴隷、しもべ [名m] עֶבֶד

ナ行

□ナオミ（女性名）[固f] נָעֳמִי

□なぜ [副] לָמָּה [ל+מָה]

□なぜなら、〜だから [接] כִּי

□ナタン（男性名）[固] נָתָן

□何 [疑] מָה, מַה־, מֶה

□名前 [名m] שֵׁם

□2 [数m] שְׁנַיִם

□肉、肉体 [名m] בָּשָׂר

□ニネベ（地名）[固] נִינְוֵה

□〜に向かって、〜に [前] אֶל

□人間、アダム [名m] אָדָם

□盗む [動] גָּנַב

□根 [名m] שֹׁרֶשׁ

□ネゲブ(地名) [固m] נֶגֶב

□眠る [動] יָשֵׁן

□粘土 [名m] חֹמֶר

□ノア（男性名）[固m] נֹחַ

□〜の後に [前] אַחַר

□〜の上に、〜の上方に [前] עַל

□〜のために、〜に向かって、として [前] לְ־

□〜のために[前] יַעַן 〜だから אֲשֶׁר יַעַן [前+関]

□〜の近くに [前] אֵצֶל

□〜ところの [関] אֲשֶׁר

□〜の中に、〜によって [前] בְּ־

□野原、平野 [名m] שָׂדֶה

□〜の方に[接] ־הָ

□〜の前に [前] לִפְנֵי

□の間に [前] בֵּין

□飲む [動] שָׁתָה

□〜のように、〜として [前] כְּ־

ハ行

- □歯 [名m] שֵׁן
- □墓 [名m] קֶבֶר
- □初め [名f] רֵאשִׁית
- □場所 [名m] מָקוֹם
- □働き、奉仕、礼拝 [名f] עֲבוֹדָה
- □母 [名f] אֵם
- □バビロン[固f]バビロニア[国]とその都市名 בָּבֶל
- □バベル [固f](創世記11:9の都市名) בָּבֶל
- □ハレルヤ、(あなたがたは)主を賛めよ[動] הַלְלוּ־יָהּ
- □パン [名m] לֶחֶם
- □火 [名c] אֵשׁ
- □日、昼 [名m] יוֹם [複] יָמִים
- □美 [名f] תִּפְאֶרֶת
- □光 [名m] אוֹר
- □非常に、大変 [副] מְאֹד
- □羊飼い [名m] רֹעֶה
- □一つ (の) [数f] אַחַת
- □一つ (の) [数m] אֶחָד
- □病気 [名m] חֳלִי
- □病気になる [動] חָלָה
- □開く [動] פָּתַח
- □ファラオ(エジプトの王の称号) [固m] פַּרְעֹה
- □増える [動] רָבָה
- □不浄な、けがれている [形・動] טָמֵא
- □ぶどう園 [名m] כֶּרֶם
- □ぶどう酒 [名m] יַיִן
- □太っている [動] שָׁמֵן
- □船 [名f] אֳנִיָּה
- □平安、平和 [名m] שָׁלוֹם
- □蛇 [名m] נָחָשׁ
- □ヘブライ人(男性) [名m] עִבְרִי
- □他の [形] אַחֵר
- □星 [名m] כּוֹכָב
- □本 [名m] סֵפֶר

マ行

- □幕屋、テント [名m] אֹהֶל
- □幕屋、住宅 [名m] מִשְׁכָּן
- □貧しい [形] דַּל
- □町 [名f] עִיר
- □町、市 [名f] קִרְיָה
- □祭り [名m] חַג
- □ （時、場所）～まで、～する間 [前・接] עַד
- □窓 [名c] חַלּוֹן
- □マナ [名m] מָן
- □学ぶ、習う [動] לָמַד
- □守る、見守る、注目する [動] שָׁמַר
- □見いだす、見つける、思い出す [動] מָצָא
- □水 [名m] מַיִם
- □見捨てる [動] עָזַב
- □道、旅 [名c] דֶּרֶךְ
- □満ち足りている [動] מָלֵא
- □蜂蜜 [名m] דְּבַשׁ
- □見張り人 [名m] שֹׁמֵר
- □耳 [名f] אֹזֶן
- □双方の耳 [名f] אָזְנַיִם [אֹזֶןの双数形]
- □見よ [感] הֵן
- □見る [動] רָאָה
- □無 [名m] בֹּהוּ
- □むずかしい [形] קָשֶׁה
- □息子 [名m] בֵּן
- □娘 [名f] בַּת
- □眼、泉 [名f] עַיִן
- □命令、戒め [名f] מִצְוָה
- □恵み深い [形] חַנּוּן

マ行

□メシア(救い主) [名m] מָשִׁיחַ

□燃える [動] בָּעַר

□モーセ（男性名）[固m] מֹשֶׁה

□目的 [名m] מַעַן

□もし〜ならば [接] אִם

□〜もまた；ほんとうに [副] גַּם

□門 [名m] שַׁעַר

ヤ行

□ヤコブ（男性名）[固m] יַעֲקֹב

□休む [動] שָׁבַת

□屋根 [名m] גָּג

□山 [名m] הַר

□夕方 [名m] עֶרֶב

□友人 [名c] חָבֵר

□裕福な [形] עָשִׁיר

□ユダ（地名;男性名）[固m] יְהוּדָה

□ユダヤ人 [名m] יְהוּדִי

□夢 [名m] חֲלוֹם

□良い、美しい [形f]・美 [名f] טוֹבָה

□良い、美しい [形]・善 [名m] טוֹב

□良い(状態である) [動] יָטַב

□翌朝、明日 [名m・副] מָחָר

□翌日、明日 [名f・副] מָחֳרָת [mòhorāth]

□預言者 [名m] נָבִיא

□ヨシュア（男性名）[固m] יְהוֹשֻׁעַ

□ヨセフ（男性名）[固m] יוֹסֵף

□呼ぶ、朗読する [動] קָרָא

□ヨブ（男性名）[固m] אִיּוֹב

□夜 [名m] לַיְלָה

□ヨルダン（河川名）[固] יַרְדֵּן

ラ行

□ライオン、獅子 [名m] אֲרִי

□らくだ [名c] גָּמָל

□ラケル（女性名）[固f] רָחֵל

□律法（名f) תּוֹרָה

□料理人 [名m] טַבָּח

□霊 [名m] רוּחַ

□レメク（男性名）[固m] לֶמֶךְ

□老女 [名f] זְקֵנָה

□6(の) [数m] שֵׁשׁ

□ろば [名m] חֲמוֹר

ワ行

□若い [形] צָעִיר

□わが神 [名m] אֵלִי

□分れる、分ける [動] בָּדַל

□忘れる [動] שָׁכַח

□私、私自身 [代c] אָנֹכִי

□私たちに [前+代] לָנוּ [לְ+נוּ]

□私たちは [代c] אֲנַחְנוּ

□私と共に [前+代] אִתִּי

□私は [代c] אֲנִי

□私を [前+代] אֹתִי

□悪い [形] רָשָׁע

□悪い [形]、悪人 [名] רַע

□〜と共に [前] אֵת

□〜を [前] אֵת, אֶת־
　　　[אֵתは־אֶתよりもその後の語を強調する]

参考書抄
学習者のための参考文献紹介

《ヘブライ語の辞典》

1. Karl Feyerabend, Langenscheidt's Hebrew-English Dictionary to the Old Testament (Langenscheidt, 1959)
2. Benjamin Davies ed., Student's Hebrew Lexicon—A Compendious and Complete Hebrew and Chaldee Lexicon (Zondervan, 1960)
3. Francis Brown, The Brown-Driver-Briggs Hebrew and English Lexicon (Hendrickson, 1996)
4. W.L.Holladay, A Concise Hebrew and Aramaic Lexicon of the Old Testament (Eerdmans,1988)
5. L.Köhler, W. Baumgartner, and J. Stamm, The Hebrew and Aramaic of the Old Testament, Study Edition, 2 vols, tr. and ed. by M.E.J.Richardson (Brill, 2001)
6. 谷川政美 , 聖書ヘブライ語日本語辞典 (ミルトス 2018 年)
7. 名尾耕作 , 旧約聖書ヘブル語大辞典 （教文館　改訂 3 版 2003 年）

《補助教材》

1. Larry A. Mitchel, A Student's Vocabulary for Biblical Hebrew and Aramaic (Zondervan, 1984)［頻度数が示されている］
2. B.Davidson, The Analytical Hebrew and Chaldee Lexicon (Samuel Bagster, 1966)［逆引辞典（使用されている単語の分析）］
3. The Englishman's Hebrew and Chaldee Concordance of the Old Testament (Samuel Bagster, 1963)［旧約聖書ヘブライ語とそれが使用されている英訳聖句］

《文法書》

1. W. Gesenius, ed. E. Kautzsch, tr. A. E. Cowlay, Gesenius, Hebrew Grammar (Dover Pub., 2006)
2. P. Joüon-T. Muraoka, A Grammar of Biblical Hebrew (Editrice Pontificio Istituto Biblico-Roma 2006)

《ヘブライ語旧約聖書行間逐語対訳（インタリニア）》

1. ミルトス・ヘブライ文化研究所編 , ヘブライ語聖書対訳シリーズ全 45 巻（ミルトス：順次発刊）
   ［創世記（既刊）をはじめ全巻が日本語による行間逐語対訳で、仮名発音と文法の活用形がしるされている。原典に触れるのに大変便利である。順次刊行］
2. S. P. Tregelles, Hebrew Reading Lessons (Samuel Bagster, No date)
   ［創世記 1-4 章 ; 箴言 8 章］
3. The Interlineary Hebrew and English Psalter (Samuel Bagster, No date)
   ［詩篇全巻］
4. George Ricker Berry, The Interlinear Literal Translation of the Hebrew Old Testament -Genesis and Exodus-(Kregel Publication, 1974)［創世記と出エジプト記のみ］
5. John R. Kohlenberger, The NIV Interlinear Hebrew-English Old Testament (Genesis-Malachi) (Regency, 1987)［4 巻が 1 冊になっているもの］
6. Jay Green (general editor and translator), The Interlinear Hebrew/Greek English Bible—Four -volumed Edition Vol.1 Genesis-Ruth ; Vol.2 I Samuel-Psalms; Vol.3 Psalm 56—Malachi; Vol.4 New Testament (Associated Publishers and Authors, 1976-9)

《基礎資料＝旧約聖書本文》

1. BHK:Biblia Hebraica, ed. R. Kittel
2. BHS:Biblia Hebraica Stuttgartensia, ed. R. Kittel

聖書検定ヘブライ語【初級】
試験問題見本

ここに記載の問題は「聖書検定ヘブライ語【初級】」の例題です。本試験の参考としてください。

本試験では次のような問題が 50 問出題されます。すべて記号で答える選択問題です。

※本試験では解答用紙が別にあります。解答用紙を同封の封筒に入れて、聖書検定協会に返信いただきます。

問． 次のヘブライ語の文について、カッコ内に当てはまる最も適切な語句の記号を一つ選んでください。

（1）次のヘブライ語句の最初の□の中に当てはまる最も適切な語句を選択しなさい。

בְרָהָם□

アブラハム [ムハラゥア]

ⓘ אַ	ⓜ אָ	ⓗ אֲ	ⓝ אֶ

（2）次のヘブライ語の文について、カッコ内に当てはまる語句を選択し日本語訳を完成しなさい。

ヨセフはエジプト（　　　　　　）。　　　יוֹסֵף בָּא מִצְרַיְמָה:

ⓘ で休んだ	ⓜ へ行った	ⓗ へ来た	ⓝ に住んだ

（3）次のヘブライ語の文について、カッコ内に当てはまる語句を選択し日本語訳を完成しなさい。

モーセは（　　　　　　）である。　　　מֹשֶׁה נָבִיא:

ⓘ さばき人	ⓜ 祭司	ⓗ 預言者	ⓝ 羊飼い

（4）次のヘブライ語の文について、カッコ内に当てはまる語句を選択し日本語訳を完成しなさい。

神は（　　　　　　）に王を与えた。　　　נָתַן אֱלֹהִים מֶלֶךְ לְעָם:

ⓘ その民	ⓜ あなたがた	ⓗ 彼ら	ⓝ わたしたち

（5）次のヘブライ語の文について、カッコ内に当てはまる語句を選択し日本語訳を完成しなさい。

その民はその祭司を愛（　　　　　　）。　　　הָעָם אָהַב אֶת־הַכֹּהֵן:

ⓘ している	ⓜ した	ⓗ するであろう	ⓝ していない

聖書検定ヘブライ語【初級】 試験問題見本の解答　(1) ⓘ 、(2) ⓜ 、(3) ⓗ 、(4) ⓘ 、(5) ⓜ

解答用紙		聖書検定語学部門・ヘブライ語【初級】試験		
1	**2**	**3**	**4**	**5**

ここに記載の問題は「聖書検定ヘブライ語【上級（中級を含む）】」の例題です。本試験の参考としてください。

本試験では次のような問題が 55 問出題されます。記号で答える選択問題が中心です。

※本試験では解答用紙が別にあります。解答用紙を同封の封筒に入れて、聖書検定協会に返信いただきます。

問． 次のヘブライ語の文について、カッコ内に当てはまる最も適切な語句の記号を一つ選んでください。

（1）次のヘブライ語の文について、カッコ内に当てはまる語句を選択し日本語訳を完成しなさい。

（　　　　　）は律法を守った。　　הוּא שָׁמַר תּוֹרָה:

> ① 彼　　⓪ あなた　　⑪ 彼ら　　㊂ わたしたち

（2）次のヘブライ語の文について、カッコ内に当てはまる語句を選択し日本語訳を完成しなさい。

ダビデとサムエルはその町に（　　　　　　）。　　דָּוִד וּשְׁמוּאֵל הָיוּ בָּעִיר:

> ① いる　　⓪ いた　　⑪ いるであろう　　㊂ いなかった

（3）次のヘブライ語の文について、カッコ内に当てはまる語句を選択し文章を完成しなさい。

これはその預言者のことばである。　　זֶה （　　　　　　） הַנָּבִיא:

> ① דְּבַר　　⓪ דָּבָר　　⑪ דִּבְרֵי　　㊂ דְּבָרִים

（4）次のヘブライ語の文について、カッコ内に当てはまる語句を選択し日本語訳を完成しなさい。

その人は私の戒めを（　　　　　　）。　　שָׁמַר שָׁמוֹר אֶת־מִצְוֹתַי:

> ① 破棄した　　⓪ 破棄しつづけた　　⑪ 守りつづけた　　㊂ 守った

（5）次のヘブライ語の文について、カッコ内に当てはまる数字を選択し日本語訳を完成しなさい。

主は（　　　　）日で天と地とを造られた。(出エジプト記31:17)

שֵׁשֶׁת יָמִים עָשָׂה יְהוָה אֶת־הַשָּׁמַיִם וְאֶת־הָאָרֶץ:

> ① 6　　⓪ 7　　⑪ 8　　㊂ 9

聖書検定ヘブライ語【上級】試験問題見本の解答 (1)①、(2)⓪、(3)①、(4)⑪、(5)①

解答用紙	聖書検定語学部門・ヘブライ語【上級（中級を含む）】試験

1	2	3	4	5

付録 7　ヘブライ語書き方練習（書写）

第1課から第39課の、ヘブライ語の書写を集めました。声に出して読み、意味を理解し、書写をしてください。
最初は、薄い文字をなぞり、次にはご自分で書いてみてください。頁をコピーして練習しても良いと思います。

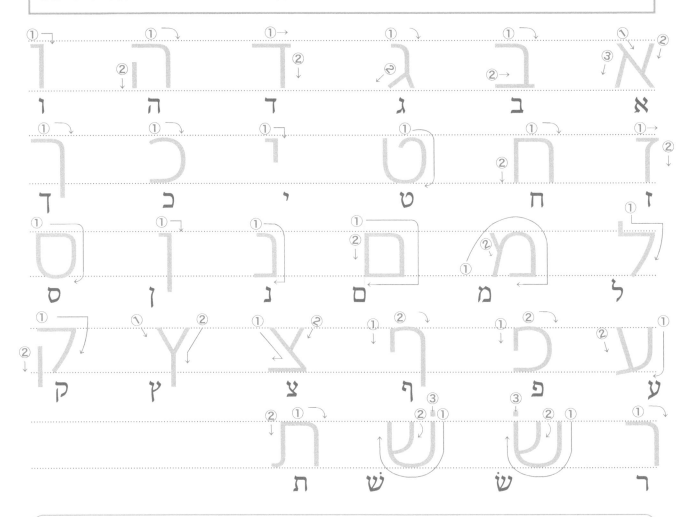

【第1課】

אֲנִי אָב:

［ヴア　　ー二ア］ 右から発音 ←

私は父である。(I am a father.)

右から書く ←

【第2課】

אֲנִי אַבְרָהָם:

［ムハラゥア　　ー二ア］ 右から発音 ←

わたしはアブラハムである。

右から書く ←

【第3課】

זֶה סֵפֶר:

［ルェふセ　　ーゼ］ 右から発音 ←

これは本である。

右から書く ←

【第4課】

דָּוִד בָּא מַחֲנָיְמָה׃

［ーマィナはマ　ーバ　どィ**ヴ**ダ］ 右から発音←

ダビデはマハナイムに来た。

右から書く←

【第5課】

הָאָרֶץ הָיְתָה תֹהוּ׃

［ーフと　　ーたィハ　ッレアハ］ 右から発音←

その地は空白であった（その地にはなにもなかった）。（創世記 1:2）

右から書く←

【第6課】

שְׁלֹמֹה אָהֵב נָשִׁים׃

［ムーシナ　ゥハア　ーモろ**エシ**］ 右から発音←

ソロモンは女の人たちを愛した。（［参考］Ⅰ列王記 11:1）

右から書く←

【第7課】

וַיהוָה נָתַן חָכְמָה לִשְׁלֹמֹה׃

[ーモろュシリ　　ーマふホ　　ンたナ　ィナどア]
主はソロモンに知恵を与えた。([参考] I 列王記 5:26)

וַיהוָה נָתַן חָכְמָה לִשְׁלֹמֹה׃

【第8課】

דָּוִד רָאָה אתוֹ צַדִּיק׃

[くーィデァツ　　ーとオ　　ーアラ　どィヴダ]
ダビデは彼を正しいと見た。

דָּוִד רָאָה אתוֹ צַדִּיק׃

【第9課】

טוֹב הַמֶּלֶךְ׃

[ふれメハ　　ヴート]
その王は善良である。

טוֹב הַמֶּלֶךְ׃

【第10課】

הַמֶּ֫לֶךְ גָּדוֹל מְאֹד׃

［どオ メ るーどガ ふれメハ］

その王は非常に偉大である。

הַמֶּ֫לֶךְ גָּדוֹל מְאֹד׃

【第11課】

בָּא הַמֶּ֫לֶךְ אֶל־הָעִיר בַּלַּ֫יְלָה׃

［ーらイらバ ルーイハ エ ふれメハ ーバ］

その王はその夜にその町に来た。

בָּא הַמֶּ֫לֶךְ אֶל־הָעִיר בַּלַּ֫יְלָה׃

【第12課】

נִינְוֵה עִיר גְּדוֹלָה׃

［ーらどゲ ルーイ ーェウネ・ーニ］

ニネベは大きな町である。

【第13課】

כָּתַב דָּוִד סֵפֶר אֶל־יוֹאָב:

[ヴアーヨ ﹍るエ ﹍ルエふセ ﹍ドィウダ ﹍ヴたカ]
ダビデはヨアブあてに手紙を書いた。

右から書く ←

כָּתַב דָּוִד סֵפֶר אֶל־יוֹאָב:

【第14課】

הוּא שָׁמַר תּוֹרָה:

[ーラート ﹍ルマァシ ーフ]
彼は律法を守った。

右から書く ←

הוּא שָׁמַר תּוֹרָה:

【第15課】

כָּתַב מֹשֶׁה תּוֹרָה:

[ーラート ーェシモ ﹍ヴたカ]
モーセは律法を書いた。

右から書く ←

כָּתַב מֹשֶׁה תּוֹרָה:

【第16課】 יִכְתֹּב דָּוִד שִׁיר חָדָשׁ׃

[ユₛだは　　ルーシ　どₐウダ　ゔト　ふイ]

ダビデは新しい歌を書くであろう。

【第17課】 מֹשֶׁה וְאַהֲרֹן אַחִים׃

[ムーひア　　ンロハₐア エウ　　ₑシモ]
モーセとアロンは兄弟である。

【第18課】 יִשְׁמֹר וְשָׁפַט׃

[トァふₐシエウ　ルモₐシイ]
彼は守り、そしてさばくであろう。

【第19課】

בְּרֵאשִׁית בָּרָא אֱלֹהִים

ムーヒろエ　　　ーラバ　　　とーシレベ]

אֵת הַשָּׁמַיִם וְאֵת הָאָרֶץ:

[ッレアハ　とエゥ　ムイマャシッハ　とエ

はじめに神は諸天と地とを創造された。(創世記 1:1)

右から書く ←

בְּרֵאשִׁית בָּרָא אֱלֹהִים

אֵת הַשָּׁמַיִם וְאֵת הָאָרֶץ:

【第20課】

זֶה דְּבַר הַנָּבִיא:

[ーィヴナハ　ルァヴデ　ーゼ]

これはその預言者の言葉である。

右から書く ←

זֶה דְּבַר הַנָּבִיא:

【第21課】

אָנֹכִי יְהוָה אֱלֹהֶיךָ׃

[は一へろ^エ　　　ィナど^ア　　ーひノ・ア]

私はあなたの神、主である。(出エジプト記 20:2)

右から書く ←

אנכי יהוה אלהיך׃

【第22課】

הָאִישׁ אֲשֶׁר בַּבַּיִת טוֹב׃

[ヴ一ト　　　　とイババ　　　ルェ^シア　　ユシーイハ]
右から発音 ←

その家の中にいる (ところの) その人は善良である。

右から書く ←

הָאִישׁ אֲשֶׁר בַּבַּיִת טוֹב׃

【第23課】

כֹּל פָּעַל יְהוָה לַמַּעֲנֵהוּ׃

[フーネ^アマ_ムら　　ェウ_ハヤ　　るアパ　る^コ]
右から発音 ←

神はご自分のみこころにそってすべてのことをなさる。(箴言 16:4)

右から書く ←

כל פעל יהוה למענהו׃

【第24課】

דָּוִד בָּנָה בַּיִת לְנָבִיא צַדִּיק:

[ィィデァツ　　　ーィヴナれ　　とイァヴ　ーナバ　どィ**ウダ**]

ダビデはひとりの義なる預言者のために1軒の家を建てた。

דָּוִד בָּנָה בַּיִת לְנָבִיא צַדִּיק:

【第25課】

שָׁמֹר אֶת־בְּרִיתִי:

[ィて　リベ　とエ　　ルモエシ]

私の契約を守りなさい。

שָׁמֹר אֶת־בְּרִיתִי:

【第26課】

שָׁמוֹעַ שָׁמֵעַ:

[マャシ　アモャシ]

彼はほんとうに聞いた（聞いて聞いた）。

שָׁמוֹעַ שָׁמֵעַ:

【第27課】　הָאִישׁ כֹּתֵב׃

［ヴテ　コ　ュシーイハ］

その（男の）人は書く（いている）。

【第28課】　לָמָה עֲזַבְתָּנִי׃

［ニ タッザア　ーマら］

どうしてあなたは私をお見捨てになったのですか。
（詩篇 22:2）

【第29課】　בַּיּוֹם הַשְּׁבִיעִי שָׁבַת אֱלֹהִים׃

［ムーヒロエ　とァヴァシ　ーイィヴ エシハ　ムヨバ］

7日目に神は休息された。
（［参考］創世記 2:2）

↓第31課の書写

【第30課】

בְּרֵאשִׁית בָּרָא אֱלֹהִים אֵת הַשָּׁמַיִם וְאֵת הָאָרֶץ:

[ッレアハ とエエウ ムイマャシハ とエ ムーヒろエ ーラバ とーシレベ]

右から発音 ←

はじめに神は天と地とを創造された。(創世記 1:1)

右から書く ←

בְּרֵאשִׁית בָּרָא אֱלֹהִים אֵת

הַשָּׁמַיִם וְאֵת הָאָרֶץ:

【第31課】

וְהָאָרֶץ הָיְתָה תֹהוּ וָבֹהוּ וְחֹשֶׁךְ

[ふェシほ エウ ーフォヴワ ーフと ーたィハ ッレアハエウ]

右から発音 ←

עַל־פְּנֵי תְהוֹם וְרוּחַ אֱלֹהִים

[ムーヒ ろエ はアールエウ ムーホて ーネぺ るア]

מְרַחֶפֶת עַל־פְּנֵי הַמָּיִם:

[ムイマムハ ーネぺ るア とェふ ヘ ラ メ]

そしてその地は空白で
なにもなかった。
そしてやみが
大水(の表面)の上にあった。
そして神の霊がその水の
表面(の上)をおおっていた。
(創世記 1:2)

← 第 31 課の書写は左頁で

右から書く ←

וְהָאָרֶץ הָיְתָה תֹהוּ וָבֹהוּ

וְחֹשֶׁךְ עַל־פְּנֵי תְהוֹם

וְרוּחַ אֱלֹהִים מְרַחֶפֶת

עַל־פְּנֵי הַמָּיִם:

【第32課】

וַיֹּאמֶר אֱלֹהִים יְהִי אוֹר וַיְהִי־ אוֹר:

[ルーオ ーヒエイワ ルーオ ーヒエイ ムーヒろエ ルメヨイワ]

そして神は「光あれ」と言われた。すると光があった。(創世記 1:3)

右から書く←

וַיֹּאמֶר אלהים

יהי אור ויהי אור:

【第33課】

וַיַּרְא אֱלֹהִים אֶת־הָאוֹר כִּי־טוֹב

[ヴト ーキ ルーオハ とエ ムーヒろエ ルヤィワ]

וַיַּבְדֵּל אֱלֹהִים בֵּין הָאוֹר וּבֵין הַחֹשֶׁךְ:

[ふ ェシほハ ンェヴゥ ルーオハンベ ムーヒ ろエ るデゥヤィワ]

そして神はその光をほんとうに良いと見て、それから神はその光とやみとを分けられた。(創世記 1:4)

右から書く←

וַיַּרְא אלהים את־האור כי־טוב

ויבדל אלהים בין האור ובין החשך:

【第34課】

וַיִּקְרָא אֱלֹהִים לָאוֹר יוֹם וְלַחֹשֶׁךְ קָרָא

[ワ イィ ク ラー　エ ロ ヒー ム　ラ オー ル　ヨー ム　ウョ ら ほ シェ フェ　カ ラー　←右から発音]

לַיְלָה וַיְהִי־עֶרֶב וַיְהִי־בֹקֶר יוֹם אֶחָד׃

[ら イ ら　ワ・イ エ ヒー　ワ・イ エ ヒー ヴォ ケ ル　ヨー ム　エ は と　←右から発音]

そして神は光を昼と呼び、やみを夜と呼んだ。夕となり、また朝となった。第一日である。(創世記 1:5)

右から書く ←

וַיִּקְרָא אֱלֹהִים ׀ לָאוֹר יוֹם וְלַחֹשֶׁךְ קָרָא

לַיְלָה וַיְהִי־עֶרֶב וַיְהִי־בֹקֶר יוֹם אֶחָד׃

【第35課】

כִּי מֶלֶךְ כָּל־הָאָרֶץ אֱלֹהִים׃

[キー メ れ フ　コ るッ　ハ アレ ッ　エ ロ ヒー ムー　←右から発音]

なぜなら神は全地の王であるから。(詩篇 47:8)

右から書く ←

כִּי מֶלֶךְ כָּל־הָאָרֶץ אֱלֹהִים׃

【第36課】

אֶת־יְהוָה זְכַרְתֶּם׃

[エ と　ア ド ナ ィ　ゼ は テル ム　←右から発音]

あなたがたは主を思い出した。

右から書く ←

אֶת־יְהוָה זְכַרְתֶּם׃

【第37課】

וְאֶת־קֹלֹו שָׁמָעְנוּ׃

［ヌアマァシ　　　ろこ　　とエエウ］

そして私たちは御声（彼［神］の声）を聞いた。（申命記 5:24）

【第38課】

יִזְכֹּר לְעֹולָם בְּרִיתֹו׃

［ーとりべ　　　ムらオれ　　ルコズイ］

主はご自分の契約をとこしえに覚えられる。（詩 111:9）

【第39課】

הוּא יִשְׁלַח מַלְאָכֹו לְפָנֶיךָ׃

［はーネァふれ　　ほアるマ　　はらュシイ　　ーフ］

彼はあなたの行く手にそ（彼）の御使いをつかわすであろう。（創世記 24:7）

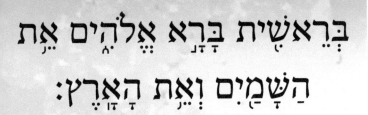

בְּרֵאשִׁ֖ית בָּרָ֣א אֱלֹהִ֑ים אֵ֥ת הַשָּׁמַ֖יִם וְאֵ֥ת הָאָֽרֶץ׃

וַיֹּ֥אמֶר אֱלֹהִ֖ים יְהִ֣י א֑וֹר וַֽיְהִי־אֽוֹר׃

וְהָאָ֗רֶץ הָיְתָ֥ה תֹ֙הוּ֙ וָבֹ֔הוּ וְחֹ֖שֶׁךְ עַל־פְּנֵ֣י תְה֑וֹם

וְר֣וּחַ אֱלֹהִ֔ים מְרַחֶ֖פֶת עַל־פְּנֵ֥י הַמָּֽיִם׃

神は仰せられた。
「光、あれ。」
すると光があった。

（新改訳 2017）創世記 1 章 3 節

はじめに神が
天と地を創造された。

（新改訳 2017）創世記 1 章 1 節

神は言われた。
「光あれ。」
すると光があった。

（聖書協会共同訳）創世記 1 章 3 節

初めに神は
天と地を創造された。

（聖書協会共同訳）創世記 1 章 1 節

神の霊が
その水の面を動いていた。

（新改訳 2017）創世記 1 章 2 節（後半）

地は茫漠として何もなく、
闇が大水の面の上にあり、

（新改訳 2017）創世記 1 章 2 節（前半）

神の霊が
水の面を動いていた。

（聖書協会共同訳）創世記 1 章 2 節（後半）

地は混沌として、
闇が深淵の面にあり、

（聖書協会共同訳）創世記 1 章 2 節（前半）

וַיַּ֤רְא אֱלֹהִים֙ אֶת־הָא֔וֹר
כִּי־ט֑וֹב
וַיַּבְדֵּ֣ל אֱלֹהִ֔ים בֵּ֥ין
הָא֖וֹר וּבֵ֥ין הַחֹֽשֶׁךְ׃

וַֽיְהִי־עֶ֥רֶב וַֽיְהִי־
בֹ֖קֶר י֥וֹם אֶחָֽד׃

וַיִּקְרָ֨א אֱלֹהִ֤ים ׀ לָאוֹר֙ י֔וֹם
וְלַחֹ֖שֶׁךְ קָ֣רָא
לָ֑יְלָה׃

בַּיּ֣וֹם הַשְּׁבִיעִ֔י שָׁבַ֖ת אֱלֹהִֽים׃

神は光<ruby>神<rt>かみ</rt></ruby>を<ruby>光<rt>ひかり</rt></ruby>を<ruby>良<rt>よ</rt></ruby>しとみられた。
<ruby>神<rt>かみ</rt></ruby>は<ruby>光<rt>ひかり</rt></ruby>と<ruby>闇<rt>やみ</rt></ruby>を<ruby>分<rt>わ</rt></ruby>けられた。

（新改訳 2017）　創世記 1 章 4 節

<ruby>夕<rt>ゆう</rt></ruby>があり、
<ruby>朝<rt>あさ</rt></ruby>があった。
<ruby>第一日<rt>だい いち</rt></ruby>。

（新改訳 2017）　創世記 1 章 5 節（後半）

<ruby>神<rt>かみ</rt></ruby>は<ruby>光<rt>ひかり</rt></ruby>を<ruby>見<rt>み</rt></ruby>て<ruby>良<rt>よ</rt></ruby>しとされた。
<ruby>神<rt>かみ</rt></ruby>は<ruby>光<rt>ひかり</rt></ruby>と<ruby>闇<rt>やみ</rt></ruby>を<ruby>分<rt>わ</rt></ruby>け、…

（聖書協会共同訳）　創世記 1 章 4 節

<ruby>夕<rt>ゆう</rt></ruby>べがあり、
<ruby>朝<rt>あさ</rt></ruby>があった。
<ruby>第一<rt>だいいち</rt></ruby>の<ruby>日<rt>ひ</rt></ruby>である。

（聖書協会共同訳）　創世記 1 章 5 節（後半）

<ruby>神<rt>かみ</rt></ruby>は<ruby>光<rt>ひかり</rt></ruby>を<ruby>昼<rt>ひる</rt></ruby>と<ruby>名<rt>な</rt></ruby>づけ、
<ruby>闇<rt>やみ</rt></ruby>を<ruby>夜<rt>よる</rt></ruby>と<ruby>名<rt>な</rt></ruby>づけられた。

（新改訳 2017）　創世記 1 章 5 節（前半）

<ruby>第七日<rt>だい にち</rt></ruby>に、なさっていた
すべてのわざをやめられた。

（新改訳 2017）　創世記 2 章 2 節

<ruby>光<rt>ひかり</rt></ruby>を<ruby>昼<rt>ひる</rt></ruby>とび、
<ruby>闇<rt>やみ</rt></ruby>を<ruby>夜<rt>よる</rt></ruby>と<ruby>呼<rt>よ</rt></ruby>ばれた。

（聖書協会共同訳）　創世記 1 章 5 節（前半）

<ruby>第七<rt>だい</rt></ruby>の<ruby>日<rt>ひ</rt></ruby>に、
そのすべての<ruby>業<rt>わざ</rt></ruby>を
<ruby>終<rt>お</rt></ruby>えて<ruby>休<rt>やす</rt></ruby>まれた。

（聖書協会共同訳）　創世記 2 章 2 節

聖書検定ヘブライ語 試験申し込み方法

● 申し込み・受検料支払い方法

■インターネットで申し込み（支払い方法：各種クレジットカード、コンビニ、商品代引き、郵便振替、銀行振込）

https://seisho-kentei.com

■FAX で申し込み（支払い方法：折り返し送付する郵便振替のみです。）

次ページの FAX 申し込みに必要事項を記入し、送信してください。

FAX 番号：045-370-8671

■郵送で申し込み（支払い方法：折り返し送付する郵便振替のみです。）

右下の申し込みハガキに必要事項を記入し、切り取って切手を貼り投函してください。

■郵便振替で申し込み

郵便振替用紙で（次ページ参照）
申し込みと支払いをしてください。

●聖書検定ヘブライ語
試験問題の送付

申し込み後に送付するもの。

1. 聖書検定ヘブライ語試験問題用紙
2. 解答用紙
3. 返信用封筒

※キャンセル、返金について

申し込み後のキャンセル、および受検者の変更はできません。いったん払い込まれた受検料の返金はできません。

●聖書検定ヘブライ語
試験問題料金（税込）

※飛び級はできませんので、
【初級】より順番に受けてください。

級	一般（大学生・18歳から一般）	学割（小学生から高校生）
初 級	2,000 円	1,600 円
上 級（中級を含む）	3,000 円	2,400 円

はがきでご注文の方は切り取ってお出し下さい

郵便ハガキ

〒236-8799

横浜金沢郵便局
私書箱4号

所定の料金の
郵便切手を
お貼りください

 一般社団法人
聖書検定協会 行

―聖書検定ヘブライ語公式テキストのご注文と、聖書検定ヘブライ語検定試験の申し込み―

はがきでご注文の場合のお支払い方法は下記の2種類です。いずれかに必ず○をしてください。

○ 郵便振替（商品到着後の後払い）→送料は全国一律180円→3,000円以上お買い上げは送料無料
○ ゆうパックコレクト（代引手数料300円）→送料は全国一律180円→3,000円以上お買い上げは送料無料

品　名	単価	数
聖書検定ヘブライ語公式テキスト	￥2,500（税込￥2,750）	

※聖書検定ヘブライ語 検定試験は飛び級はできませんので、初級より順番に受けてください。

級	聖書検定ヘブライ語 検定試験	受検申し込み	検定料
初級	聖書検定ヘブライ語 検定試験	○一般で受検します	￥2,000（税込・送料込）
		○学割で受検します	￥1,600（税込・送料込）
上級（中級を含む）	聖書検定ヘブライ語 検定試験	○一般で受検します	￥3,000（税込・送料込）
		○学割で受検します	￥2,400（税込・送料込）

※小学生から高校生の受検者は学割が適用されます。

■郵便振替で申し込む場合の記入方法（振込料はご負担いただきます）

振込取扱票

口座記号	口座番号	金額
0 0 1 9 0 - 3	4 4 9 7 9 8	千 百 十 万 千 百 十 円

加入者名　一般社団法人　聖書検定協会

料金／備考

通信欄

見　本

ご依頼人

おところ　〒　―

おなまえ

（ご連絡先電話番号　　　―　　　―　　）

様

日附印

振替払込請求書兼受領証

口座記号番号
0 0 1 9 0 - 3
4 4 9 7 9 8

加入者名　一般社団法人　聖書検定協会

金額

ご依頼人

様

日附印

料金

備考

●通信欄・ご依頼人の書き方は右下参照

はがきでご注文の方は切り取ってお出し下さい ✂

聖書検定ヘブライ語 検定試験　受検申し込み

※下記、赤い太枠の中はもれなく必ずご記入ください。

受検者氏名

フリガナ	
氏名	

受検一式・採点一式お届け先住所

郵便番号		都道府県名	（都・道・府・県）
市区町村名			
丁目・番地			
建物・様方等			
電話	― ―		

※下記、赤い太枠の中で当てはまるものを○で囲んでください。
※小学生から高校生の受検者は学割が適用されますので左記に必ずご記入ください。

一般受検者	一般（大学生・18歳から一般）

学割受検者	小学生　　年生
	中学生　　年生
	高校生　　年生

※受検者複数人の場合は名前（漢字とフリガナも）を記入してください。

氏名	フリガナ	男性/女性	一般/学割	初級/上級

聖書検定ヘブライ語公式テキスト 202306

■郵便振替で申し込みの場合

郵便局に備え付けの振込取扱票に、下記の事項を必ず書いてください。

口座記号：
00190-3
●口座番号：
449798
●加入者名：
一般社団法人 聖書検定協会
●通信欄
「聖書検定ヘブライ語【初級】受検申込」、または
「聖書検定ヘブライ語【上級（中級を含む）】受検申込」と記入
※学割適用者は小・中・高校生のいずれかを記入
●申込者の
住所、氏名（ふりがな）、電話番号を記入（正しくお届けするためマンション名や部屋番号も記入）

180　聖書検定ヘブライ語　検定試験申込方法

⬆ FAX送信

（送信先: 聖書検定協会 FAX : 045-370-8671）

聖書検定ヘブライ語 検定試験　受検申し込み

※下記、赤い太枠の中はもれなく必ずご記入ください。

受検者氏名	
フリガナ	
氏 名	

受検一式・採点一式お届け先住所

郵便番号		都道府県名	（ 都・道・府・県 ）
市区町村名			
丁目・番地			
建物・様方等			
電話			

※受検者複数人の場合は名前（漢字とフリガナも）を記入してください。

氏名	フリガナ	男性/女性	一般/学割	初級/上級

※聖書検定ヘブライ語 検定試験は飛び級はできませんので、初級より順番に受けてください。

級	聖書検定ヘブライ語 検定試験	受検申し込み	検定料
初級	聖書検定ヘブライ語 検定試験	◯ 一般で受検します	¥2,000（税込・送料込）
		◯ 学割で受検します	¥1,600（税込・送料込）
上級（中級を含む）	聖書検定ヘブライ語 検定試験	◯ 一般で受検します	¥3,000（税込・送料込）
		◯ 学割で受検します	¥2,400（税込・送料込）

一 般 受検者	一般（大学生・18歳から一般）

学 割 受検者	小学生　　年生
	中学生　　年生
	高校生　　年生

※小学生から高校生の受検者は学割が適用にて上記に必ずご記入ください。

品　　　名	単価	数
聖書検定ヘブライ語公式テキスト	¥2,500（税込¥2,750）	

聖書検定ヘブライ語 公式テキスト 202306

このページをコピーしてファックスしてください。

先ずは第5級からスタート！

クイズ感覚で楽しみながらステップアップ！

第5級
聖書検定公式テキスト
体裁：A4判
76ページ全カラー
販売価格：**1,000円**
（税込価格：1,100円）

公式テキスト第5級の項目・本論
「初歩的な聖書の知識」（10項目）

第1項　聖書全体の区分を覚えましょう
第2項　天地創造物語
第3項　最初の人アダムとエバ
第4項　神の教え（律法）が与えられる
第5項　旧約聖書の歴史の大筋
第6項　イエス・キリストの誕生
第7項　イエス・キリストの行ったこと・話したこと
第8項　イエス・キリストの十字架の死
第9項　イエス・キリストの復活
第10項　聖霊が降り、教会ができました

受検にあたって
- 受検前チェックリスト
- 聖書検定試験　問題例
- 聖書検定試験　模範解答例

付録
- 聖書にまつわるエピソード
- 聖書66図表
- 聖書通読難易度マップ
- みことばカード

意外に知らないことがあったことに気付く。

ああ、そうだったのか！知るほどに面白い！

第4級
聖書検定公式テキスト
体裁：A4判
76ページ全カラー
販売価格：**1,000円**
（税込価格：1,100円）

公式テキスト第4級の項目・本論
「よく知られている聖書の知識」（10項目）

第1項　秩序ある世界
第2項　カインとアベル
第3項　ノアの箱舟
第4項　バベルの塔と歴史以前の物語
第5項　アブラハムとイサクの物語
第6項　ヤコブ物語
第7項　バプテスマのヨハネと悔い改めの教え
第8項　イエスの有名な出来事
第9項　イエスの有名な話
第10項　十二弟子のなかのペトロ（ペテロ）、アンデレ、
　　　　ヤコブ、ヨハネ

受検にあたって
- 受検前チェックリスト
- 聖書検定試験　問題例
- 聖書検定試験　模範解答例

付録
- 聖書にまつわるエピソード
- 聖書66図表（英語）
- 聖書古代地図
　（父祖たちが住んだカナン）
- みことばカード

達成感以上の何かがあります。

聖書から生きて働かれる神の愛が流れ出る！

第1級
聖書検定公式テキスト
体裁：A4判
94ページ全カラー
販売価格：**1,200円**
（税込価格：1,320円）

公式テキスト第1級の項目・本論
「専門的な聖書の知識」（12項目）

第1項　創造論と進化論
第2項　メシア預言と救済史と世界史
第3項　祈りについての聖書の教え
第4項　愛の倫理
第5項　イエスの理解しにくい出来事
第6項　イエスの難しい説教
第7項　教会について
第8項　信仰義認
第9項　「コリント第一」の部分的な日本語による釈義
第10項　新約聖書のその他の手紙
第11項　メルキゼデクのような大祭司
第12項　「ヨハネの黙示録」―最後の希望―

受検にあたって
- 受検前チェックリスト
- 聖書検定試験　問題例
- 聖書検定試験　模範解答例

付録
- 聖書の年代表
- ヨハネの黙示録イラスト（本番中）
- みことばカード

聖書検定ってなに？

聖書検定は、聖書から出題される検定試験です。段階を追ったわかりやすい聖書検定公式テキストによって膨大で難解な聖書を理解し、やさしく学習することができます。クイズ感覚で楽しみながらステップアップすることができます。

聖書検定の目的

聖書検定を通して、多くの方々に広く聖書を知っていただく機会となることが第一の目的です。
「神のみことば」＝「聖書」を知らずして日本の方々が過ごすことのないように、その優れて勤勉な国民性を捉え、検定と言う媒体にしました。

聖書検定の特徴

- 聖書知識に限定しており、特定の教派やセクトに偏っていません。
- プロテスタント、カトリックの両方に配慮しています。
- 聖書検定試験の出題問題はバランス良く、総じて聖書の知識が身につきます。
- 通信による受検スタイルなので時間、場所を問わず、どなたでも受検することができます。

（第1級聖書検定試験のみ、指定期間に全国280箇所の試験会場にて実施）

第3級

学習のコツが
わかって
楽しい。

聖書という世界の共通項が身についてくる！

聖書検定公式テキスト
第3級 基本的な聖書の知識

世界の常識・聖書を知って、世界を知ろう！
聖書という世界の共通項が身についてくる！

第3級
聖書検定公式テキスト
体裁:A4判
90ページ全カラー
販売価格:**1,200円**
（税込価格：1,320円）

公式テキスト第3級の項目・本論
「基本的な聖書の知識」（12項目）

第1項 人間は霊をもつ
第2項 「出エジプト」と「十戒」
第3項 「律法」（教え）の中の有名な教え
第4項 「ヨシュア記」「士師記」「ルツ記」「サムエル記」
第5項 ダビデ王とソロモン王
第6項 幕屋
第7項 聖書はどのように作られたか
第8項 イエスのよく知られた出来事
第9項 イエスのよく知られた説教
第10項 十字架の五つの教え
第11項 「使徒言行録」（「使徒の働き」、「使徒行伝」）
第12項 使徒パウロ

受検にあたって
● 受検前チェックリスト
● 聖書検定試験 問題例
● 聖書検定試験 模範解答例

付録
● 聖書にまつわるエピソード
● 使徒パウロの伝道旅行地図
● みことばカード

第2級

より深みへと
入って
いきます。

真のみことばに心うたれより深みへと探求！

聖書検定公式テキスト
第2級 少し専門的な聖書の知識

世界の常識・聖書を知って、世界を知ろう！
真のみことばに心うたれより深みへと探求！

第2級
聖書検定公式テキスト
体裁:A4判
94ページ全カラー
販売価格:**1,200円**
（税込価格：1,320円）

公式テキスト第2級の項目・本論
「少し専門的な聖書の知識」（13項目）

第1項 「ヨブ記」は世界最高の宗教文学
第2項 「詩編」「箴言」「コヘレトの言葉」（「伝道者の書」、「伝道の書」）、「雅歌」
第3項 預言者エリヤ、エリシャ、「イザヤ書」
第4項 「エレミヤ書」、「エゼキエル書」
第5項 その他の預言書
第6項 聖書の中間時代
第7項 イエスのあまり知られていない出来事
第8項 イエスのあまり知られていない説教
第9項 「ヨハネ福音書」と共観福音書
第10項 「ローマの信徒への手紙」とその他の手紙
第11項 有言実行の人ヤコブ
第12項 聖霊の教え
第13項 全世界に広がる福音

受検にあたって
● 受検前チェックリスト
● 聖書検定試験 問題例
● 聖書検定試験 模範解答例

付録
●① 「共観福音書」
　② 「ヨハネ福音書」
　③ 「聖書検定公式テキスト」
　　上記3つの比較ガイド表
● みことばカード

聖書検定公式テキストの特徴

聖書検定公式テキストは、第5級から第1級まで、順を追って学習できるように項目別に工夫された素晴らしくわかりやすい聖書のガイドテキストです。A4サイズで文字も大きく読みやすく、イラストや写真、図表なども豊富にあり、全ページカラーで、書き込みができるスペースをとった学習に最適な仕様です。

聖書検定公式テキストの著者（本論）

鈴木 崇巨（すずき たかひろ）東京神学大学大学院修了、サザン・メソディスト大学（修士）、西部アメリカン・バプテスト神学大学（博士）。日本基督教団牧師。前聖隷クリストファー大学教授・宗教主任。著書・『牧師の仕事』（教文館）、『礼拝の祈り』（教文館）、『キリストの教え』（春秋社）、『求道者伝道テキスト』（地引網出版社）、『一年で聖書を読破する。』（いのちのことば社）、『キリスト教どうとく副読本』（燦葉出版社）『福音派とは何か？-トランプ大統領と福音派』（春秋社）など多数。日本中に福音を伝えることをモットーに活動しています。

こんな方にお勧め

■ 聖書の基礎から全体まで、正確にバランス良く学びたい

■ 知人・友人・家族に聖書のことを、正しく伝えたい

■ キリスト教の学校に入るので聖書を知っておきたい

■ 学校で世界史を受けているので聖書の勉強をしたい

■ 海外に赴任・留学するので、聖書を知っておきたい

■ 聖書をマイペースで自由にじっくり学びたい

■ グループで聖書の学びをしたい

聖書検定公式テキストのお求めは

● 全国のキリスト教書店、またはお近くの一般書店から

● ホームページから

（HPでの各種お支払い方法：クレジット・コンビニ・郵貯振替・代引き他）

https://seisho-kentei.com

一般社団法人
聖書検定協会

著者：野口 誠

東京大学大学院人文科学研究科 宗教学宗教史学博士課程（聖書文献学専攻）修了

元石岡キリストの教会牧師

JTJ 宣教神学校顧問

CRJ 顧問

編集：有田 貞一

古淵キリスト教会牧師

聖書ギリシア語講師

聖書ヘブライ語講師

構成・デザイン：村上 芳

一般社団法人 聖書検定協会　代表理事

Tokyo Union Church 会員：1872(明治 5) 年に東京・築地外国人居留地に設立された

超教派のインターナショナル教会。※現在は表参道（東京都渋谷区神宮前）

みことばアートなどクリスチャンアートの制作多数。

聖書のみことばをすべての人に伝えることをミッションとしています。

聖書検定ヘブライ語　【初級】・【上級（中級を含む）】

2022 年 10 月 1 日 初版第 1 刷発行
2023 年　6 月 1 日　第 2 刷

著　者	野口　誠
編　集	有田　貞一
構成・デザイン	村上　芳
発　行　人	村上　芳

発　行・発　売　一般社団法人 聖書検定協会

〒 236-0023 横浜市金沢区平潟町 31-1

TEL:045-370-8651　FAX:045-370-8671

Email : info@seisho-kentei.com

URL : https://seisho-kentei.com

聖書 新共同訳：

(c) 共同訳聖書実行委員会 Executive Committee of The Common Bible Translation

(c) 日本聖書協会 Japan Bible Society , Tokyo 1987,1988

聖書 新改訳：

©1970,1978,2003 新日本聖書刊行会